Jarl Alé de Basseville

Mon

Devoir

Tome 1

Éditions Dédicaces

MON DEVOIR, par JARL ALÉ DE BASSEVILLE

EDITIONS DÉDICACES LLC

www.dedicaces.ca | www.dedicaces.info
Courriel : info@dedicaces.ca

Jarl Alé de Basseville

Mon

Devoir

Tome 1

A mon petit fils.

En tant que nobles, nous n'avons pas de droits.
Uniquement des devoirs.

Albert de Basseville

À propos de l'auteur

Jarl Alexandre Alé de Basseville - descendant du roi Harald 1er de Norvège et de Robert de Basseville de Normandie - est né à Bordeaux le 8 juillet 1970, fief d'Aliénor d'Aquitaine. Il est l'un des derniers descendants directs de la grande lignée des rois Viking et Normands.

Passionné d'arts, c'est à l'âge de 15 ans qu'il décide de rejoindre celui qui a révolutionné l'art contemporain. C'est alors qu'il apprend les bases du pop art, grâce à la photographie, à la peinture, à la filmographie ou à la sculpture sous les conseils avisés d'Andy Warhol, jusqu'à l'âge de 17 ans, où il s'envole pour Milan.

C'est à l'école d'art de Milan qu'il fera la rencontre de celui qui est aujourd'hui considéré comme le dernier surréaliste : Lucchi Renato Chiesa. Ses premières expositions de peinture, organisées par un grand agent New-Yorkais, feront sa renommée mondiale à l'âge de 18 ans. Ces différentes expériences lui permirent d'être reconnu entre autres par le Metropolitan Museum de New York et les experts du monde de l'art. Ses photos deviennent pour certaines mythiques dans les magazines de mode et de tendances, faisant de lui une des coqueluches mondiales.

Après avoir partagé l'univers de la couture avec sa grand-mère, une des dirigeantes d'une grande enseigne française, c'est avec Claude Montana qu'il découvre un attrait tout particulier à la haute couture. Il expérimentera notamment la peinture sur cuir. Jarl Alé peaufinera cette méthode jusqu'à l'extrême en réalisant des sculptures sur tissu. Il développera par la suite cette sensibilité entre ces deux univers en observant l'émergence du rôle de directeur artistique et de création. Il navigue alors entre tendances et contrôle des collections au sein de plusieurs grands groupes français et internationaux.

5

Il part à Los Angeles au début des années 2000 dans l'optique de créer son propre studio photo et d'assumer pleinement son rôle de directeur artistique.

Il y fait notamment la rencontre d'une femme audacieuse, Rosanna Arquette, avec qui il co-produit le film *"Searching for Debra Winger"*. Une amitié sans frontières naît entre ces deux personnes qui se considèrent aujourd'hui comme frères et sœurs d'âme.

Il fait aussi la rencontre de stars hollywoodiennes telles que Jane Fonda, Laura Dern, Salma Hayek, Tom Cruise, Val Kilmer, Brad Pitt etc... Ainsi qu'au sein du milieu musical où il fait la rencontre des Guns & Roses, Michael jackson, Korn, Marilyn Manson, Christina Aguilera, Pink, etc...

Le monde associatif fait partie intégrante de sa vie. Jarl Alé a été emporté par le discours d'Elizabeth Taylor et s'est, dès l'âge de 19 ans, engagé dans la lutte contre le SIDA en faisant des happenings peinture destinés à représenter la violence de la maladie (AIDS) et à récolter des fonds. Sa mobilisation continue aujourd'hui autour d'une autre cause non moins importante : offrir travail et éducation aux jeunes filles et femmes de certains pays en voie de développement avec la fondation Womanity.

Il est aujourd'hui décidé à s'engager politiquement dans son pays, la France, au sein d'une Europe de culture et de traditions dont il se veut tous les jours l'un des représentants par son charisme et ses allures Viking. Touché par une maladie génétique, il est handicapé et comprend le besoin de lutter pour l'aménagement des infrastructures et le regard des autres à travers la politique

La maison familiale

I

25 octobre 2012

Une heureuse prédestination m'a fait naître à Bordeaux. Ville au passé tellement encombrant et tellement riche entre l'histoire des guerres et des marchés liés a son port.

L'Europe doit redevenir la grande patrie unie des terres celtes et ceci, non pas en vertu de quelconques raisons économiques. Non, non. Même si cette fusion, économiquement parlant, est indifférente ou même nuisible, elle doit avoir lieu quand même. Le même sang appartient à un même Empire. Le peuple Viking n'aura aucun droit à une activité politique tant qu'il n'aura réussi à réunir ses propres fils en un même Etat.

La charrue fera alors place à l'épée, et les larmes de la guerre prépareront les moissons du monde futur. C'est ainsi que la situation de ma ville natale m'apparaît : comme le symbole d'un grand devoir et non d'un souvenir.

J'ai vécu dans cette ville entourée de mes grands-parents et d'une famille puissante qui se détruisait... Plutôt que de mettre toute leur énergie de se battre dans un même sens. Tout ça pour ne conquérir que cette Europe de l'ouest qui se réclamait des droits capitalistes de l'ultra libéralisme américain. Seul rempart du communisme de l'est et de ses mauvais fantômes.

Mes parents ont été inexistants, vu les problématiques que ça a engendrées. Mais ce n'est pas grave car cela a renforcé mon esprit de combativité et ma soif d'apprendre. Mon grand-père m'a énormément accompagné après que lui-même ait été déchu de tout avec cette guerre immonde qui avait dévasté l'Europe. Non pas seulement par les crimes mais par son implication idéologique.

Il serait difficile pour moi de dire quelle était la vie, avant ma naissance, de ce grand-père, ou père qu'il a été pour moi. Mais il sera facile de décrire ce qu'il était devenu. Il était président de tellement de sociétés et de fondations que tout le monde l'appelait Monsieur le Président.

Dans le business on l'avait surnommé le Baron. Mais il se plaisait à aider les faibles qui ne savaient pas se défendre. Et il autorisait certains à l'appeler "Berty", ce qui était plutôt drôle de voir ces personnalités passant constamment du « vous » ou « tu » et du « Monsieur Berty ».

Tout cela rythme ma jeunesse et j'apprends au fur et à mesure les diligences et commandes des opérations pour devenir un patron. Je me rappelle encore de ce jour où je parlais de travailler en boîte de nuit - qu'il appelait alors un "dancing" et qui pour ma chère grand-mère était un endroit de débauche et de personnes en petite tenue ou plutôt striptease girls. Mais c'était ma volonté de montrer que l'on pouvait gagner de l'argent dans cette nuit qui faisait rêver ces gens qui travaillent le jour et qui s'imaginent que tout se passe la nuit.

II
26 octobre 2012

Si mon grand-père m'a appris une chose, il m'a enseigné ce que voulait dire « noble » dans le sens où nous n'avions que des devoirs et non des droits. Mais voilà bien ce cher homme qui après tout un passé dévorant n'aura jamais arrêté de penser à nous et notamment à moi, ce petit-fils qui lui répondait après sa question : « qu'est ce que tu veux apprendre »... « Je veux tout savoir ». Et lui, d'un ton gentil au début « oui mais quoi ? » et moi, continuant à dire : « tout !!! » jusqu'au moment où il devait m'expliquer, en faisant les gros yeux, que l'on ne pouvait pas apprendre « tout » ; que c'était impossible. Et me voyant, par la suite, tellement déçu, il me consolait en m'achetant un livre d'une collection cuir et or.

Il est vrai que je n'ai jamais pensé, à cette époque, à mon futur. Je vivais dans un monde surréel où j'étais le petit prince gâté par une famille en pleine admiration. Pourtant je ne me rappelle plus pour quelle raison on m'admirait. J'avais mes propres idées et je sentais en moi, déjà, une détermination à comprendre la politique et l'économie et une passion dévorante pour la géographie en regardant ce bateau trois mâts de mon arrière arrière grand-père qui avait fait le tour du monde plusieurs fois. Des traces rouges sur la carte abimée dans le cadre rouge sous verre qui trônait dans l'entrée de la maison, retraçant ce vigoureux viking.

J'étais entre la force et la tranquillité comme un aigle qui se pose sur un lac, mais qui peut à tout moment bondir sur une nouvelle proie. J'aimais le chant, la musique, la peinture et je dévorais les tomes de la première guerre mondiale au jour le jour. Je me passionnais pour le Vatican et tout ce décorum. J'y rencontrais le Cardinal Guyot avec qui je suis devenu ami et que j'ai longtemps servi comme enfant de cœur pendant quelques années. Je passais de longs moments avec lui. Il me racontait l'avant Vatican II. Je voulais être Pape. Pas prêtre, non. Pape, sous le nom d'Alexandre VIII un de mes prénoms et mon rang : le 8ème.

Mais je vivais dans un moment de trouble où l'Europe était partagée en deux ; une partie que l'on appelait l'Ouest et une partie l'Est. L'une était la liberté et le capitalisme, l'autre était la prison et le communisme révolutionnaire Stalinien post Khrouchtchev. Bref, ces deux mondes, ou ces deux blocs, étaient le champ de bataille de deux monstres : les américains et les russes. Et pourquoi prenaient-ils nos terres comme cheval de bataille ? De ce jour là, je me suis dit qu'un dirigeant d'un pays qui voulait attaquer un autre dirigeant n'avait qu'à le faire sur un ring de boxe !! Autrefois, un noble pouvait bien se battre contre un autre pour prendre ses terres et je percevais la stupidité de ces êtres qui nous dirigent pour leur seul bien personnel.

Mon grand-père se posait la question de comment j'allais vivre au jour le jour en me battant sans cesse avec ces camarades de classe. Ma famille m'envoya en pension et c'est là que j'ai enfin compris ce qu'était la sexualité. Et oui, nous n'étions plus à l'époque des écoles de garçons et la mixité existait depuis longtemps déjà. Mais ça, mon grand-père ne l'avait pas imaginé, restant sur ses idées de l'école d'antan...

III
29 octobre 2012

Les décisions de mon grand-père étaient toujours réfléchies ; Le sens même y était donné sans que rien ni personne ne puisse revenir dessus. Il était un homme bon et juste avec un caractère à la Basseville, réplique usuelle chez les cousins. La deuxième guerre mondiale avait fait de lui un autre homme et même si il n'avait pas perdu sa raison d'être, il voulait quand même regarder de l'autre coté ces moments tellement difficiles dans une vie d'homme. Comme les enfants ne pouvaient pas décider en son temps, je crois qu'il a voulu me donner tout ce qui lui a été interdit dans sa jeunesse et me laisser prendre ma vie et ma carrière dans mes bras. Mais il est néanmoins certain que cet homme devait voir en moi quelque chose d'extraordinaire car même s'il était tolérant, il ne m'aurait jamais donné sa confiance autant qu'il l'a fait.

Comme je l'ai précisé auparavant, il était rempli d'une idée constante que la vie était un devoir et qu'il fallait savoir le protéger, ce fameux devoir.

Je découvrais le « non » et le fait de vouloir se révolter contre les ordres pour en nommer d'autres et pour prendre ce pouvoir tellement vulnérable. Que par la force d'une poignée d'hommes des putschs gagnaient les pays de l'est où pourtant pendant des années régnait le désastre de ces ennemis inconnus.

Je découvrais deux mondes : celui du public et celui du privé. On était fonctionnaire ou entrepreneur. Cela ne faisait pas de doute et mai 68 avait donné aux enfants de Sciences Politiques le pouvoir d'être un peu des deux. J'avais envie de vivre et je ne me voyais pas sous les ordres d'un petit chef perdant son temps a encourager une manivelle qui, n'étant plus huilée, avait perdu son utilité. Oui, le monde changeait à toute vitesse et il suffisait de prendre l'avion pour s'en rendre compte !

J'apprenais tellement dans ma famille entre mes grands-parents, oncles et tantes que je m'ennuyais a l'école. Tout simplement car j'avais une mémoire photographique qui me permettait de savoir en deux minutes un poème, l'Histoire, ou quelconque leçon à apprendre. C'est d'ailleurs pour cette raison que j'ai adorais le latin... J'imagine que mes adversaires feront tout pour trouver contre moi toute cette jeunesse et je n'ai pas besoin d'eux pour dire que je suis passé d'une école à une autre à cause de mon comportement non pas d'indiscipline... Mais tout simplement rêveur. Et oui, j'étais fatigué d'entendre cette pauvre professeure écorcher la langue de Shakespeare donc je préférais m'imaginer William entre femmes et hommes mettant en scène, puis plonger dans cette époque de ce fameux moyen-âge.

J'avais envie, en mon moi intérieur, de me battre. Mais pourquoi ? Et comment ? A cette même époque, un professeur d'arts plastiques qui était aussi aux beaux arts tomba en admiration devant mes dessins et peintures. Il faut dire que j'étais un fervent du mouvement expressionnistes "Die Brucke" (ou Le Pont) qui résume a lui seul ce nouvel état de grâce dans la peinture contemporaine après les révolutions des "dada". La peinture me permettait de me retrouver et de m'oublier. Alors je me suis lancé à corps perdu dans ce havre de folie qui me rassasie. Du moins à cette époque je le croyais.

L'art me paraissait la seul échappatoire a cette vie que je ne comprenais pas et seul résonnait dans ma tète les mots : "no future".

En pensant que jamais je ne pourrais voir en vrai l'an 2000 qui paraissait comme un grand mammouth du tertiaire. Il fallait que je me construise. Oui, mais comment ? Alors que la vie qui tournait autour de moi me laissait sans l'ombre d'un doute, où j'attendais autre chose alors pour me réconcilier avec moi-même. A partir de ce moment, j'ai décidé que je voyagerai autour du monde et que je ferai le maximum d'expériences.

IV
30 octobre 2012

Mon grand-père était fier que je puisse m'exprimer par la créativité artistique et voyait en moi, je pense, cette chance qu'il n'avait pas eue de défier son rêve. Sûrement à cause de cette guerre mondiale qui l'avait détourné de tout et qui l'avait mis en face d'un terrible chemin de vivre une vie de l'après avec tout ce que cela peut avoir comme conséquences. Il avait décidé de me pousser et de m'aider même si les doutes subsistaient en lui d'un parcours qui ne serait peut-être pas de toute évidence. Nous parlions et je ne voyais pas le futur. C'est ce qu'il craignait… Que je plonge dans un délire de drogues incontrôlé. Il demandait à ma tante Caroline qui possédait une production de films CSF de me prendre pour faire des stages et voir si je m'adaptais a ce milieu qui n'était pas le mien. Les recommandations de ma tante étaient extrêmement dures et je ne devais dévoiler mon identité à quiconque. Je décidais donc de prendre le surnom de Alé qui venait de Alesund, prénom Norrois Viking qui donna le prénom d'Alexandre car la France interdisait en 1970 tout prénom qui n'était pas en relation avec un saint… Bizarre pour un Etat laïque ! Ma tante me précisa que je n'étais pas payé et que l'on verrait ce qui se passe. J'étais ravi et je devenais rapidement - après une journée - 2ème assistant réalisateur, devenant irremplaçable. Et quand on me demanda mon nom de famille je donnais celui de Conversano que seule ma tante pouvait comprendre ; Et c'est ce qui se passa. Alors j'arrivais dans le salon du domaine vers 21h00 après le diner avec la production devant mon grand-père et ma tante qui me posèrent mille questions, étonnés mais ravis de ce qui s'était passé. J'apprends ce soir là que je suis dorénavant payé.

Tout m'intéressait. Je voulais tout savoir sur tout, ce qui énervait mon grand-père au plus haut point. Un jour il passa un temps relatif à m'expliquer que l'on ne pouvait pas tout savoir. Bref je voulais tout apprendre et je passais mon temps à lire, ce qui me posait des problèmes pour partager avec qui que ce soit ma vie. Les enfants m'énervaient, les adultes étaient souvent trop niais pour moi et je me dévouais de toute façon à l'étude œcuménique. Je me rappelle un jour être rentré avec une note de 10 sur 20 en physique, avec un nouveau professeur qui notait de façon très spéciale. A coté de la note apparaissait notre rang, en comptant les 4 classes donc j'étais premier ; Ma mère ne me croyant pas insinua que j'avais dû changer ou effacer le rang pour ne pas me faire punir, alors que je n'avais aucunement peur de rien… Mais bon, c'était toujours des histoires avec cette mère que je ne voyais jamais et qui se jetait sur moi pour me crier dessus ou pour me faire des baisers comme si nous étions proches alors que je ne la supportais pas. Ma grand-mère alla quand même se renseigner et on lui expliqua que ce professeur de physique était comme ça. Il donnait ce genre de note car il était professeur à l'université ; Je ne sais pas si ma grand-mère avait été convaincue, mais de ce jour là, j'ai compris que l'enseignement était tout simplement ridicule et je m'amusais à le faire remarquer sans cesse lors des déjeuners familiaux du dimanche midi.

Grâce et à cause de ces émotions et de ces épreuves, je devenais un peu plus moi-même dans la révolte des acquis et le besoin d'ordre d'un monde perdu qui devait se justifier à travers les épreuves des autres.
C'est à ce moment que j'ai aimé la politique et que j'ai voulu m'y intéresser au point d'en découvrir les outils qui recherchent la

vérité. J'étudiais du début 20ème siècle en me plongeant dans la révolution industrielle.

Je devenais régionaliste et je comprenais cette Europe des Régions qui deviendrait par la suite mon seul combat politique jusqu'à aujourd'hui. Mais ça, je ne le savais pas encore. Il était extrêmement difficile de vivre en sachant que nous étions séparés entre l'Est et l'Ouest à cause de deux dictatures. L'une des marchés : les USA. L'autre des ouvriers : l'URSS. Ces pays retentissaient dans ma tête comme mes ennemis. Du moins pas ces pays en eux-mêmes, mais leurs dirigeants, que je voyais comme des marionnettes s'agitant à la télévision. Je me rappelle regarder en direct l'assassinat de Al Sadate (1981). C'était incroyable. Filmé en direct ! Ce jour, je compris que la violence venait de m'apparaitre pour la première fois comme un mur dans lequel je me serai jeté. Je compris tout de suite les revendications et problématiques qui allaient s'en suivre ainsi que le fondement de notre civilisation.

Mon envie de découvrir cette Europe et de la voir un jour réconciliée et que s'il existait un Est et un Ouest, ce ne serait qu'au delà de pôles géographiques mais qu'il y aurait un jour une seule et même Europe. Celle que l'on a appelée pendant des siècles le REICH. Il fallait raviver au sein de ce continent notre seule et unique culture, grâce à cette tradition et identité que le monde nous enviait déjà. Mon chemin, un jour, serait de faire revivre cette Europe des Régions qui se rassemblaient autour d'un seul et même but. Notre peuple. Le droit du sang.

V
01 novembre 2012

Il est évident que dans cette Europe des Régions, la rivalité des anciennes cultures rappelle que nous étions organisés à l'époque en castes, et ce jusqu'à la chute de l'empire Austro-Hongrois qui s'est servi de ces vielles coutumes. Notre calendrier nous indique que nous sommes en l'an 10194. Cette fête se renouvelle du 21 au 25 décembre, notre solstice, autour d'un sapin symbole de notre foi à notre père Odin. Nous nous partagions entre 17400 tribus qui chacune se partageait en 100 clans et chaque clan en 1000 familles ou super familles.

Depuis l'aube des temps, l'école représente le début des relations, les disputes, les envies et les moqueries mais aussi la résonance de la politique et de ce que peuvent penser les parents. L'appel du combat se fait dés a présent pour que tous ces enfants des tribus vikings, celtiques, gothiques sachent qu'il appartienne à ce peuple élu par les Ases.

« Saches que tu es un Vik du Reich. Que tu fais parti du plus vieux peuple de l'humanité »

L'âme de la jeunesse veut entendre un leader qui représente toutes ces qualités et mène à bout de bras nos tribus afin de reprendre nos territoires sans aucune négociation ou compromis que ce soit.

Sous mille formes, elle mènera ensuite la lutte d'être libre dans le symbole prôné par William Wallace et avec toutes les armes pour se défendre. Elle refusera de chanter des chansons étrangères ; elle exaltera d'autant plus les gloires de notre peuple en se référant à tous les signes distinctifs que certaines personnes ont voulu utiliser pour tromper notre monde dans l'histoire du 20ème siècle. La jeunesse se rappellera des grands guerriers et de nos pères et grands-pères qui se sont battus pour ces acquis dans le sang. Elle portera les insignes interdits de notre peuple et de nos traditions pour redorer les blasons bannis par l'histoire fausse et racontée par des menteurs au service des sous peuples qui sont simplement nos ennemis pour toujours. L'Europe est donc l'image fidèle des grandes femmes. Ces guerrières qui ont marqué notre vie depuis le début de l'histoire de l'humanité. Souvent même avec une inspiration meilleure et mieux dirigée que la femme a su, par son sein, donner ce lait qui a coulé pour l'enfant que nous avons tous été.

Ainsi j'ai l'occasion de prendre part à la lutte. Je pousserai des « Heil » devant nos symboles sans avoir peur comme je l'ai fait depuis mon enfance en sachant que c'est ce que je veux. Je souhaite voir le rêve de ma famille, c'est à dire de nous retrouver, nous, peuple berceau de l'humanité.

L'hymne impérial résonnera de nouveau et sera fier bravant les idées importées par nos ennemis pour nous empêcher de vivre. Notre Europe doit se rassembler au nom de ces grands-parents morts pour la liberté et ce goût d'être ensemble. Sachant que nos familles nous regardent du Walhalla. Les clans de l'Europe régionaliste ne connaissent guère autre chose de leur race que leur langue, leur tradition, leur culture dans son ensemble. Je suis surement devenu un fanatique pour certains et pour cette seule volonté de voir ma terre vide des étrangers car nous en sommes arrivés là vu que ces mêmes étrangers ne respectent pas mes ancêtres et crachent leur haine sur les tombes de nos cimetières.
J'en suis arrivé à séparer patriotisme, dynastique et régionalisme de race, avec une inclination très nette pour ce dernier.

La situation intérieure de la monarchie des Habsbourg et des Bourbons n'a amené que des révoltes entre nous car ils ont géré la vie politique d'une seule manière : diviser pour mieux régner.

Les emblèmes de la grandeur royale et impériale passée agissent pour le prestige merveilleux qui appartient a tout citoyen depuis la chute tant espérée de ces conspirateurs qu'étaient Louis XVI et Marie-Antoinette Habsbourg.

Au jour de l'écroulement des Bourbons et des Habsbourg, l'appel unanime traduit le sentiment profond sommeillant au cœur de chacun. Explicable par l'éducation historique, fait que la voix du passé parle tout bas d'un nouvel avenir. N'oublions pas que l'Espagne en souffre encore et que c'est cette même famille qui a trahi et fait plonger les espagnols dans le trou noir d'une crise perdue alors que ces mêmes Bourbons se pavanent dans le luxe du gouvernement qui leur a été donné par je ne sais quel comité et qui ne se soucient guère de vous, peuple de la rue.

Aujourd'hui, l'enseignement de l'histoire mondiale dans les écoles primaires et supérieures est totalement faux et a été écrit sous la dictée de traitres. Les professeurs doivent comprendre que le but de l'enseignement de l'histoire n'est pas d'apprendre des dates et des faits.

L'Histoire est là pour nous rappeler de ce que nous ne voulons pas et de ce que nous ne voulons plus dans nos livres. Il convient a ces professeurs de se battre pour la vérité quelle qu'elle soit.

VI
02 novembre 2012

Une question me vient a la tête : qu'est ce que ma vie si je n'accomplis pas ce que je dois faire ? Est-ce que ma vie est de vivre dans la médiocrité de survivre et de passer de l'école à un travail pré-admis par des personnes qui l'auront décidé pour moi sans une chance de pouvoir m'extirper de ce chemin de vie sans couleurs, sans envies, sans vision d'imaginer autre chose que la petitesse d'être un rouage de ces énarques et technocrates qui décident derrière leur bureau de nos vies et jouent avec les millions en mangeant du caviar sur notre dos ?

Mais cela a toujours été le cas et il n'y a pas eu de différence dans les 100 dernières années.

J'ai eu la chance d'avoir dans ma famille ou même autour des personnes à juste titre qui m'ont informé et laissé mon libre arbitre sur la véritable histoire de notre peuple et la complaisance de cette diaspora de nous mener par le bout du nez et nous faire marcher à la baguette.

Je me rappelle du Cardinal Guyot qui me parlait et me rendait la réalité des souvenirs de l'Histoire. Pendant des siècles, on avait conduit le monde sans se soucier de ces soi disant groupes prônant une utilité. Mais pour moi, à plus ou moins longue échelle, ceux-là mêmes nous causeront des problèmes et nous obligeront à protéger encore et encore. Et bien moi je dis non ! Et comme certaines personnes le disent : aidons notre peuple. Il est bien sur malheureux que l'Ethiopie ou Haïti souffrent après quelques cataclysmes qui touchent leurs peuples ! Mais ce n'est pas mon problème. Non, aujourd'hui je veux donner des solutions à notre société du plus jeune au plus ancien et concevoir la famille comme source de vie et de foi commune.

Oui le cardinal Guyot m'apprenait mais me touchait au plus profond de mon cœur et de mon âme, au point de sentir des larmes de souffrance au coin de mes yeux de ne pas pouvoir me battre et de rassembler ce que j'essaye aujourd'hui. Il me conseillait et me faisait réagir sur les problématiques du passé pour en éclairer le présent car il est évident que nous étions entrain de payer les sursauts de la révolution industrielle du 19ème siècle. Pour lui, l'honneur était le sentiment qui était perdu et faisait place au sentiment de honte. Et pourquoi ?? Je vous pose la question.

C'était un Cardinal, soit. Mais un homme qui n'a cessé de me répéter qu'aucune religion ne devait mener nos peuples et que tous les temples avaient été fondés sur des accords politiques. Le laïcisme pour lui était le symbole même du Vatican. Ce dernier avait été pendant des siècles séparé en deux groupes : les religieux et les laïcs. Ces derniers pouvaient contrôler le Vatican car celui-ci est avant tout un État avec des terres, une constitution, une diplomatie, une banque... Et non pas une religion faite de concepts et d'idées basés de toute façon sur des dires d'humains et non de forces cosmiques.

Mais comment ne pas oublier ce que ces dynasties de l'après Westphalia nous montraient la trahison des intérêts de notre communauté pour d'ignobles profits personnels qui sont fait aujourd'hui par des groupes étrangers pour nous vider de nos patrimoines ?

Ce que le Vatican me rappelle tous les jours c'est que ces mêmes groupes d'intérêts, gérés par l'immonde conspiration de ces peuples que nous avons accueillis comme des frères, nous ont trahi pour leurs propres intérêts personnels.

Mon amour pour les symboles de mon peuple est tellement fort que je pourrai vivre et mourir pour cette foi. Et qu'y a-t-il de plus beau que de vivre pour une cause ? N'est-il pas la le problème du monde et de cette jalousie perpétuée depuis des siècles contre nous. Est-il inconcevable que je nourrisse mon cousin, mon frère avant un étranger ? Je vous le demande. Est-ce là un crime que de donner à mon peuple en priorité ? Une fois ce dernier rassasié, je donne aux autres si il m'en reste et uniquement pour cette raison...

Du nord au sud nous nous sommes faits asphyxier par les étrangers qui non seulement volent, mais trahissent nos doctrines et dévorent le corps de notre peuple. Les grandes maisons font le jeu des gouvernements successifs en Europe pour le bien de quelques personnes qui refusent de contribuer au bien de nos peuples sous la bannière de payer moins d'impôts pour subvenir à leurs besoins. Les sacrifices d'argent de nos peuples depuis ces 20 dernières années ont été plus qu'inouïs et non acceptables.

Ma jeunesse a été faite de crises et de capitalisme ultra libéraux au détriment de sources socio politiques menées par des combattants en mal de leur état et non des peuples. Et encore moins de l'unité. Je pense, du moins je suis sûr, que si on veut se battre politiquement ce sentiment n'a absolument aucun rapport avec l'argent et le pouvoir mais bel et bien pour la réconciliation et le dénouement glorieux de notre peuple.

À travers mes écrits et ce livre j'expliquerai et donnerai les détails de la vérité des entreprises européennes et de leurs mensonges. Mais également l'incapacité des gouvernements à répondre. Vu qu'ils ne sont même pas capables de savoir comment marche leur propre sécurité sociale et que ce ne sont que des assistés qui se permettent de juger ceux qui n'ont plus les moyens de ces politiques qui sont une seule et même manière de faire.

VII
2 novembre 2012

Le salut de notre peuple a la grandeur de notre Histoire et la représentation historique de celle-ci.

Dois-je demander à mes partisans de démontrer dés à présent la fidélité à notre dynastie et d'en porter les couleurs haut et fort ? Notre dignité vient de notre sentiment régional de vivre et partager les recherches de l'absolu politique. Comment pouvoir aimer cette Europe d'aujourd'hui alors que l'on lui a tout enlevé et que j'ai l'impression de ne plus être chez moi mais chez eux, ces étrangers qui ont condamné mon empire à être le leur.

Ces étrangers ne comprendront jamais qu'ils ne sont que des invités et je vais devoir les rappeler à l'ordre d'une manière violente si ils ne veulent pas entendre la manière douce.
Mais si vous êtes venus chez nous, c'est bien pour gagner de l'argent ! Trouver ce que vous ne pouviez pas avoir dans vos pays ! Ou parce que vous étiez en danger à cause de vos engagements ! Alors pourquoi maintenant vous vous trompez de routes en imaginant que cette terre de sang vous appartiennent ? Quand vous n'avez jamais fait que nous voler pour vous acheter des maisons ou autres objets pour vos propres familles dans vos propres pays… Vous n'avez fait que voler nos granges de blé et nous polluer de vos propos racistes, xénophobes et arriérés.

Vous avez créé dans mon âme de la haine contre vous car vous êtes venus déranger mes meurs en prônant les vôtres comme si je devais les accepter comme si vous vous acceptiez les miennes dans vos propre pays. Pour moi honneur, courage et amour sont les seuls symboles de la liberté que je soutiens et je sais que ces mots finissent en gags dans vos couscoussières.

Je devais à l'école de m'avoir préparé à combattre cette Histoire universelle que vous désirez me servir sous le couvert d'une démocratie dont vous êtes incapable de me donner la signification. La politique de l'école privée chrétienne m'a instruit

20

sur les plans révolutionnaires de ces principes qui sont les nôtres et qui représentent notre bataille continuelle.

Le résultat de mon enfance fut le changement et les controverses dans l'absolue conviction de vivre les enthousiasmes de ces excès qui poussent un adolescent dans les rivières pourpres de l'adoration d'un peuple prôné par un grand-père encore émerveillé par une époque passée des années 30 et qui rêvait d'un ordre nouveau.

Suis-je passé par l'âge ingrat ? Je ne suis pas sur que mon oncle qui me répétait sans cesse que même si j'avais de l'avance sur les autres, grâce à l'enseignement familial, que je devais toujours être le premier et jamais me reposer. Donc je me sentais seul et perdu, me refugiant dans la logique même des livres. Je devais rechercher en moi comment je pourrai vivre dans ce monde que je trouvais de plus en plus laid par ces mensonges et pire ! Ces absurdités.

Je devenais peintre pour échapper à la vérité de la vie en me convainquant que je pouvais vivre ma différence dans le 1 pourcent sans me douter qu'un jour des groupes feraient tout pour me faire du mal et prendre les armes contre celui qui détruit l'incassable.

Je sais que j'ai été protégé par des grands-parents qui voulaient me cacher la vie la vérité mais qui m'aimaient tellement qu'ils auraient tout sacrifié pour ce petit-fils qui ne faisait que poser des questions et qui vivait dans un monde émerveillé. J'avançais dans cette grande immense allé de marronniers en m'imaginant je ne sais quoi de la vie et en pensant que tout ressemblait à ce que je connaissais avec l'insouciance d'un enfant.

Oui j'étais là seul, et entouré de mille gens, pour aller dans un endroit que je découvrirais au cours de mes voyages qui ne s'arrêterait que le jour où je déciderai de vivre ma vie et de ne plus avoir peur de mon moi.

Années d'études et de souffrance

I

5 novembre 2012

L'adolescence pour moi n'a pas été un moment de joie et d'espérance mais une folle envie de me suicider car je renonçais à vivre dans ce monde qui m'apparaissait sans aucunes espérances. Il faut dire que nous étions en 1985 et qu'à cette époque, l'avenir du politiquement correct était plutôt invisible voire inexistant. Je voyageais et passais mon temps à New York. Ville qui me paraissait, à l'époque, accueillante et tellement différente !! Il faut dire que cette ville n'a absolument rien à voir avec celle que vous connaissez aujourd'hui... Pour vous dire, la sécurité y était permanente. Tout le monde se connaissait et après deux jours, on savait même ce que vous buviez au petit déjeuner ou au couché. Bref. C'était une ville paradisiaque où l'on avait l'impression que l'on était loin de tout car pas de portable, pas d'emails, uniquement les téléphones dans les rues avec leurs cartes prépayées. Mais quelle liberté ! Je naviguais dans un milieu artistique où tous sont devenus connus. Mais sont aussi pour la plupart morts... De maladies comme le sida, mais aussi d'overdoses.

Quelle chance de pouvoir vivre entre ateliers et musées ! Je m'essayais à la photo Polaroid et à la photo argentique. J'apprenais la chambre et j'adorais cette image qui apparaissait à l'envers et qui se révélait si rapidement. Le sens même de la peinture. Je sautais sur les films à faire, de 8 à 16 mm la projection sur les murs de peinture et l'ultime essai de sculpter de la pierre ou du marbre... Tout était beau. Tout était possible. Nous vivions sans le mot « argent » et les politiques de tout ordre n'existaient pas. Seuls l'art et la création étaient au cœur des débat parfois tellement animés que certains en venaient au mains... Au point de ce taper dessus. Bien sûr, nous étions ivres d'alcools, de drogues et de bonheur. Notre chanson était celle de La Bohème de Charles Aznavour qui résonnait en nous comme le seul chemin de la dictature de l'art, tellement recensé dans le manifeste surréaliste d'André Breton. Notre maître était paisible mais souffrait de maladies chroniques certainement à cause de l'attentat dont il avait été l'acteur principal. Mais jamais il n'avait un mot plus haut que l'autre et tout lui faisait penser que l'âme humaine avait deux fonctions : créer et diriger. Quand nous parlions de nous, nous étions le « 1 pourcent » et le reste n'existait que pour réponde au marketing chevronné que nous inventions à toute vitesse pour voir jusqu'où l'être humain pouvait aller et à quel point il devenait l'esclave d'une société qui lui ventait l'idée d'être libre. Aussi libre qu'un cochon dans un enclos qui ne peut faire qu'une chose : bouffer sa merde parce que nous l'avions décidé pour eux.

Le seul sentiment que j'avais de moi même était celui de l'orgueil. Quand j'entends les gens se raconter qu'ils sont allés dans telle ou telle boîte de nuit et qu'ils ont réussi à rentrer après avoir attendu, je riais. Je ne me suis jamais posé la question et j'arrivais comme si j'étais le Apollon que tout le monde attendait. Faisant la bise au physio transsexuel et à toute la faune qui dirigeait ces endroits, toujours comme si ils étaient des esclaves et que j'avais mieux que personne compris ce monde. Il faut dire que si mon maître d'art me poussait a une telle action, ma tante Caroline continuait à m'encourager sur cette voix voyant en moi ce potentiel de relations publiques et de network, mot que l'on n'employait pas à l'époque. Mais que cette communication était monnayable !

Je me sentais seul et affaibli. Je compris que désormais mon devoir serait de me découvrir dans un moment de souffrances intérieures jusqu'au jour où je trouverais enfin le véritable chemin de partager mon état d'âme, si il a une voie pour le vivre néanmoins...

J'écrivais alors ces quelques mots, réalisant un recueil de poèmes qui m'a été volé par une fille dont je tairais le nom pour l'instant mais que je dévoilerai bientôt :
Le désespoir est un espoir
D'un lendemain trahi Pour lequel on vit Dans un délire inédit.

II
6 novembre 2012

Qu'est ce qui se passe dans la tête d'un enfant ? Pourquoi tant de haine ? Toutes ces questions en moi pour lesquelles je recherche des réponses.

Il est évident que la première chose à laquelle on pense, c'est bel et bien la vengeance et comment le faire ? Mais aussi pourquoi ces personnes m'en veulent tellement ? Est-ce que je ne me trompais pas de chemin ? Et puis de toute façon, quel était mon rêve ? De me pavaner aux cotés d'artistes pouilleux et mal fagotés ou encore d'autres en pyjama pour avoir l'air de quelque chose, et qui, sous les revers cachait des malades en puissance prêts à tout pour la célébrité ?

Et puis que veut dire « impossible » pour la plupart des gens ? Cela veut dire tu ne peux pas faire telle ou telle chose. Pour moi, cela veut dire tout simplement « c'est possible ». Même, plus on me dit qu'il ne faut pas que je le fasse, plus je me dis que je dois le faire. Car si on m'interdit, c'est que je peux être meilleur que les autres.

J'avais envie de découvrir ce but et cet appel en moi devenait de plus en plus conséquent. Je n'avais jamais vraiment réalisé la vie jusqu'à ce que je me retrouve à Milan, en Italie, pour y vivre une vie artistique qui aura sur moi une extraordinaire nécessité. Je vivais à côté de Florence, de Rome et du lac de Varese. C'est là où je découvris Mussolini et la complexité de l'industrie et de la politique italienne. J'approchais les grands de ce monde entre Gianni Versace l'érudit et Raoul Gardini le gardien de la porte d'or. Mais avec tout ça, j'allais rencontrer une partie de mon histoire inconnue et cachée à

Naples ainsi que Bari. L'histoire de cette famille Basseville de Normandie qui alla changer à jamais l'histoire que je m'étais faite lors de ces diners interminables du dimanche.

Ma fierté m'était revenue. Ce n'est pas qu'elle avait vraiment disparu, mais m'a t'on appris à en avoir une ? Peut-être, à la rigueur, quand j'étais aux scouts... Il est vrai, à force de boxer mes camarades et de leur faire du mal au point que j'en prenais du plaisir et que je me rendais compte a quel point cela me défoulait et me positionnait devant les chefs qui ne me voyaient plus comme un enfant malgré mon âge. Oui, je me rendais à Naples et je sentais un regard sur moi comme si tous les napolitains savaient qui j'étais ; Ressemblais-je tellement à mes ancêtres ou était ce-un signe quelconque ?

À l'époque, je m'habillais tout en vinyle et cuir. J'avais les cheveux longs ou mi longs, des bottes pointues avec des bouts en métal pour faire mal (rires). Je voyais mon nom partout et cet ancêtre Robert de Basseville qui avait comme accaparé la ville à lui seul mais qui était...... Qu'en était-il pour moi ? Pour mon devenir ? En revenant à Milan, je posais des questions à mes amis qui, heureux de savoir qui j'étais, me faisaient découvrir les loges secrètes du pouvoir et les sociétés qui peuplent l'argent et les richesses appelées entre autres commodités. Je naviguais sans m'en rendre compte dans un environnement tellement invraisemblable que n'importe quel être humain aurait sûrement trouvé ceci suspect mais qui pour moi était totalement naturel.

Je voulais être dur mais j'étais une personne élevée dans les écoles catholiques. Non seulement de l'enseignement de Saint Jean-Baptiste de la Salle qui aida ses prochains. Pourtant une haine grondait en moi. Il aura fallu que cet idiot de deux ans mon aîné se retourne sur moi un jour en cours pour m'embêter avec un stylo pour que je comprenne que j'étais entrain de changer, quand je me suis jeté sur lui comme un vampire en soif de sang.

J'étais un enfant trop choyé, adoré par des grands-parents qui m'élevaient comme un prince. Un enfant qui s'est jeté malgré lui dans le monde de cette grande misère et de cette bêtise humaine qui lui a fait connaître ceux pour lesquels il devait plus tard combattre sans s'arrêter.[1]

La nuit évoque la gaieté et insouciance. Ces lieux de fêtes d'heureux mortels n'étaient, hélas pour moi, que le souvenir vivant de la plus triste période de mon existence entre drogues et décadence comme si nous étions perdus et que le seul mot d'ordre était "no future".

Que veut dire être un homme sinon de devenir adulte ? N'est-ce pas dans les expériences et les excès accompagnés de l'essentiel que l'on devient celui que l'on doit être ? N'y a-t-il pas un chemin qui résonne entre tout et pour tout dans l'inconscient collectif et répond aux « pourquoi » des personnes dites perdues dans les troubles de l'espace vital ou presque ?

Je devais être prévoyant et pourtant, mon inépuisable mépris pour la vie me conduirait a la sollicitude de l'emprise des forces du bien et du mal sur ce monde avide de puiser en moi ce qui devait à jamais rester enfoui comme la lampe des génies a jamais réveillés au grès de vivre la guerre éternelle. Oui, je priais Odin, Wottan, qu'il me donne la force pour me battre et de devenir ce que la vie devait faire de moi : un chevalier.

---

[1] C'est à cette époque que mes yeux s'ouvrirent au deux dangers que je connaissais à peine de nom et dont je ne soupçonnais nullement l'effrayante portée pour l'existence du peuple viking : les musulmans et les communistes.

27

III
7 novembre 2012

Je me posais alors la question : est-ce que ce génie en moi étouffera les craintes de cette jeunesse enivrante et démesurée au point d'en prendre la misère d'une existence humaine traduite par les doctrines de Kant ?

Est-ce que vraiment ma vie était la même que les autres ? Je n'ignorais pas la vie et ses souffrances physiques ou mentales qui se jetaient sur moi comme une vague incontrôlée, un ras de marée. Que voulait dire « social » dans un monde d'insouciance et de mépris de l'art ?

Ma vie était celle d'un bourgeois. Un bourgeois qui avait été un enfant terrible appelé « bad boy ». Je pouvais, il est vrai, me tabasser devant l'école ou me saouler tout jeune en me jetant sur qui voudrait. Enfin en terminer avec moi-même. Dans ce cas que je n'acceptais pas. Et pourquoi tant de haine envers ma personne ? Si c'est à cause de ces personnes qui m'ont reproché ces histoires de ces guerres que je n'avais pas vécues. Il fallait que je me cache du fait d'avoir été un viking germanique croyant à la grandeur du Reich.

Je me posais des questions et j'essayais de comprendre les devoirs que mon grand-père m'indiquait. La chance ne résidait pas seulement dans des études mais également émanait de cette force appelée l'intelligence, qui n'était pas à la portée de tous. Notre devoir était de le partager pour ces classes ouvrières qui n'avaient pas eu la même chance que moi.

De fait, la raison de tous et de toutes les exigences politiques, qu'elles soient de l'est ou de l'ouest, étaient de contre balancer ce régime de pauvreté de l'ancien milieu. Ils n'étaient pas si fier d'être, par exemple, un nettoyeur obligé d'être appelé « technicien de surface » pour lui amener une raison d'être alors que la seule raison est l'exécution du travail bien fait. Depuis quand un éboueur n'avait pas le droit de lire des livres et des romans pour s'évader ? Non dans sa personne physique mais dans l'idée philosophique même de cette idée d'être l'Homme de 1789.

Néanmoins, les crises sociales et les crises économiques devraient redonner cette énergie de créer un esprit d'une seule et même voix pour crier aux autres peuples sans tradition cette identité qui met en place une culture unique que le monde entier nous envie tellement. Nous vivions sous les cieux d'un ciel dépourvu de couleurs comme je disais il y a peu de temps dans un poème que je vais me permettre de citer une fois de plus.

Rien de vu dans un ciel dépourvu
De couleurs
Qui croit dans un espoir incertain
Que l'aube d'un jour
Arrive là où le soleil se couche

Ces mots de ma bouche qui reflètent encore ce recueil de poèmes mais qui couvre la violence d'un enfant aujourd'hui chargé d'histoires par un passé glorieux et vainqueur de tous ceux qui voulaient le détruire.

J'ai gagné contre les seuls dont personne n'a d'arme pour les vaincre au point où l'impossible a été fait contre eux. Depuis le comptable de Al Capone comme m'avait précisé mon avocat, personne n'avait réussit a les ridiculiser… Enfin surtout maintenant dans ce siècle. Si mon grand-père avait pu voir ceci, il n'aurait sans doute pas pu y croire.

Je résume : il fallait donc que je sois anéanti comme de nombreuses personnes de la famille qui ont régné par la suite sur l'Europe pour en comprendre les douleurs et me faire par moi-même sans aucune aide quelle qu'elle soit.

Il fallait que je me réveille et que j'en oublie la pitié et toute forme de compassion. Sinon je ne pourrais pas gérer un peuple, une terre avec tout l'orgueil que cela comporte.

Donc porté a ce monde de misère et d'insécurité, j'étais capable de le dépasser en ayant connu le pire et surtout me rappelant de chaque moment de ces instants où je ne pouvais plus décider de mon libre arbitre et d'être obligé comme je l'avais été en tant que pensionnaire. Mais en réalité, n'est-on pas prisonnier de l'impossible ou, comme disait un philosophe : « n'est-ce pas d'être le prisonnier de l'inutile qui fait de nous un être mort et désemparé ? »

Si cette cour de l'Empire attirait à elle l'Homme. Celui qui attend avec toute son intelligence le droit de dominer cet état et d'en centraliser les systèmes jusqu'à ce qu'une fin arrive. Celle-ci même qui a conduit ces familles des Bourbons et des Habsbourg à s'imaginer aussi grand qu'Odin Wotttan.

Il fallait faire naitre cette nouvelle centralisation qui ferait de cet Empire une terre de toutes les tribus dans le cadre d'une liberté partagée telle qu'elle avait été criée par les combattants gothiques dans son ensemble.

IV
10 novembre 2012

Paris était-il le centre politique de l'Europe ? Même si Bruxelles et Strasbourg jouaient le jeu d'être importants dans une Europe vide de constitution. Toutes ces vieilles républiques passées marquées comme des monarchies qui ne changeaient que du chiffre. Mais les familles politiques profitaient de tous les avantages au point que la 5ème n'était que la copie certaine de la 4ème, elle-même la reprise de la troisième. Pour le système unique des profits d'un seul et même groupe toujours au pouvoir appelé les technocrates.

Comment expliquer les systèmes et les changements de ceux-ci quand on sait que toutes ces personnes comme les militaires, les fonctionnaires et les artistes de l'intelligentsia ne font que souffrir des décisions de quelques membres qui ne connaissent même pas le prix du pain ? Je ne vois que des milliers de chômeurs de plus en plus nombreux devant les institutions et dans leur cœur les larmes du désespoir. La souffrance de ne plus être fier d'être européen et de vouloir se battre : oui mes amis. Ne demandez pas ce que votre nation peut faire pour vous. Mais demandez-vous ce

30

que vous pouvez faire pour votre pays. Que va-t-il se passer pour toute cette middle class qui est en train de perdre leur travail et les pourquoi de ces crises a répétition ? Etes-vous vraiment sûr qu'un professeur d'Allemand est capable de régler les problèmes de la crise, de vous trouver du travail ou de sauver les entreprises. Encore mieux : pensez-vous que le Président puisse répondre à vos attentes sans savoir ce que veut dire de vivre simplement avec le SMIC alors qu'il a, avec sa compagne, suivit le chemin de l'ENA et donc pris le parti de ne pas comprendre vos soucis ? Eh oui ! Ils ne savent pas ou plus ce que c'est que de se battre avec les factures et les administrations. Toutes ces institutions ne sont pas capables de répondre à vos attentes car ils n'ont pas idée de ce que sont vos attentes et ne savent pas ce que veut dire de travailler. Par contre, ils sont les premiers à se glorifier et à marcher sur la tête des autres partis qui ne sont que leurs amis de cour. Ce dont nous avons besoin, c'est d'un changement radical.

Cette Europe s'engouffre dans les égouts de la négligence et du conflit d'état en se cachant derrière les institutions créées par les manigances électorales. Savez-vous vraiment qui est votre député ? Savez-vous qui fait quoi pour vous et pour défendre vos intérêts et non sa réélection ? La question sociale ne peut être faite sur un plan européen mais au cas par cas, avec une définition de l'ordre et de la volonté de chacun d'agir en conséquences.

Quiconque ne se voit pas réduit dans la misère, ne peut pas comprendre ce que l'humain peut endurer et surement pas les politiques qui se cachent dans un foyer doux et séduisant.

Ce que je peux vous dire c'est que je suis contre cette sentimentalité mensongère organisée par ces groupes ministériels pour vous toucher et vous faire devenir des agneaux. Je suis contre le bavardage superficiel et je me battrai de toute façon sur toutes ces ignobles manières de vous faire croire qu'il y a possibilité de vous trouver un travail. Je vous ferai d'ailleurs parvenir à travers mes écrits la preuve de la possibilité d'avoir un travail pour chacun.

Je veux partager avec vous la crainte de la majorité des favorisés et leur différence. La plus néfaste à votre égard est ces mêmes parvenus qui rient de la misère sociale en se remplissant les poches de nos impôts indirects tels que la TVA.

V
11 novembre 2012

Merci à ces femmes snobs qui parlent avec un ton présomptueux et vivent dans le 16ème dans des hôtels particuliers avec une condescendance arrogante et dénouée de tout tact. Elles-mêmes qui jouent les femmes du peuple en créant des fondations pour s'enrichir sur le dos des contribuables. Ces personnes se trompent si elles croient que je ne vais rien faire pour les empêcher et les jetterai en prison le jour où nous serons au pouvoir. Oui, elles payeront de leurs crimes et des conspirations dont elles sont aujourd'hui aux commandes avec l'aval de leurs maris. Le peuple doit prendre le pouvoir et le donner aux personnes qui se battront pour l'identité de celui-ci au point que le monde entier sera obligé de se retourner sur nous et nous répondre. Ne vous étonnez pas messieurs et mesdames les députés, que le peuple ne vous accorde aucun succès. Comment pourrions-nous vous attribuer un succès alors que la seule chose que vous représentez c'est bel et bien une assemblée que Robespierre aurait faite passer à la guillotine pour manquements aux droits du peuple, s'accordant des privilèges bien contre révolutionnaires ?

Comment prétendre à une quelconque reconnaissance quand on essaye de développer une activité sociale pour le bien des autres ? N'est-ce pas un moyen de trouver encore une fuite en avant ? Je ne suis pas là pour donner des faveurs à qui que ce soit, mais pour donner du travail à chaque européen qui représente les traditions de nos peuples. J'ai étudié la question sociale en long et en travers et je ne vois qu'une possibilité. Celle de créer de l'ordre social qui n'existe pas à cause des dérives politico-technocrates de ces 20 dernières années. Dois-je devenir un soldat d'une armée sans métier et non d'une armée d'un territoire fier de porter les armes contre les ennemis ? N'est-ce donc pas toutes ces personnes qui ont dirigé nos sociétés qui ont détruit notre monde ?

Nous avons été les cobayes d'une politique sans ordre et sans morale. Mais, pire encore, sans aucun but ni aucune vision d'Etat.

Il est extrêmement risible de voir que j'ai grandi comme un enfant qui croyait à des valeurs mais que celles-ci m'ont été enseignées par mes parents et par mon enseignement. En aucun cas par l'Etat qui est plus qu'inexistant et représente pour moi la plus grande horde d'imposteurs et de voleurs qui ne sortent que des propos sans cohésions avec la vérité d'une dépendance au 21ème siècle.

Que dois-je dire de notre société aujourd'hui vivant à travers Facebook et Twitter ? Est-ce là la réponse que notre peuple attend ? Je ne crois pas. Ce sont uniquement des personnes qui vivent à travers Internet et qui ne sont pas capables de descendre dans la rue pour manifester.

La situation de l'Europe doit changer et nous devons arrêter les considérations paralysantes du devoir et du sang.

Je me battrai pour l'Europe avec le dessein impitoyable de refaire leur existence dans un monde nouveau et de reconquérir notre seule patrie. J'ai compris que seul le travail est honorable. Je ne dis pas "était" mais "est" et je dois dire que de se battre pour le garder est un droit qui conforte mon idée que les êtres humains sont nés pour vivre ensemble an sein de cette mère Européenne.

Cette insécurité de notre vie quotidienne est faite de peurs et de d'angoisses créées aussi par certains médias prêts à tout pour nous faire tomber dans un chaos total. Mais sachez que ce n'est pas nouveau et que la presse n'a jamais cessé de pousser les Hommes à la lutte acharnée contre l'ordre.

Oui l'ordre est détesté par la presse, les médias et les politiques car l'ordre représente la seule et unique manière de sortir des crises et d'envisager le 21ème siècle.

Déjà, les années 30 puis la guerre du pétrole des années 70 nous avaient annoncé le retour des crises et des problèmes d'une société basée sur l'argent et non sur la valeur et le respect de l'humain. Il est possible que cela marche aux USA ou en Asie. Mais au contrario des autres, notre Europe s'est construite sur 35 000 ans. Sur une terre où nous avons vécu et survécu trouvant des moyens toujours différents pour nous battre et passer les caps quels qu'ils soient.

L'immigration était compréhensive jusqu'à ce qu'internet arrive car il n'y a plus de possibilités pour tous ces peuples à venir chez nous pour gagner de l'argent ou trouver un travail. La preuve est faite par la Chine qui a su faire de ses sociétés une structure économique en pleine progression sans avoir à se déplacer, en vendant par correspondance. Les sociétés telles que Ebay prouvent tous les jours que l'on peut vendre et acheter sans se déplacer. Comprendre l'utilité des communications comme Skype pour pouvoir partager des informations en ligne.

Il faudra que je vous explique comment les médias et les politiques se servent de l'immigration comme une source de problèmes alors que la solution existe.

VI
12 novembre 2012

Que veulent dire ces années d'études et de souffrance alors que je parle d'économies et de politiques ? N'est-ce pas une manière à moi de rentrer dans le vif du sujet ? Ce n'est pas ce que l'on attend de moi que de parler de la caisse de chômage alors que je ne savais même pas ce que chômage voulait dire en tant qu'artiste car c'est un travail qui demande de se réveiller tous les jours pour aller chercher un nouveau contrat. Oui, donc je n'ai pas pensé à me mettre au chômage et à faire des milliers de déclarations pour sucer les écus de la nation. Oui, j'ai vu la misère. Celle-ci même que je n'aurais jamais imaginée voir ou connaitre

34

car il est vrai que mes grands-parents m'ont fait vivre dans un monde ou le vilain n'existait pas. Une amie le précisait un jour comme Siddhârta. Oui effectivement et surement vivre et découvrir ce qu'il y a à l'extérieur du monde et que je ne connaissais pas.

Vendre et mettre en gage ce que l'on a, à savoir rien ou presque rien, était pour moi encore une fois quelque chose dont je ne me souciais guère à l'époque et que je découvris chez mon oncle. Le fait d'avoir ou non un logement, il est vrai dans les 80, n'a pas été un souci. Mais j'ai vu cette gangrène menacer un monde que je pensais intouchable. Oui, quand on parlait des pauvres c'était toujours ces images d'Ethiopie ou de Somalie que l'on nous ressortait au fur et à mesure, histoire de nous donner mauvaise conscience pendant le journal du 20h, avec un journaliste qui avait l'air tellement triste que l'on avait l'impression qu'il avait perdu toute sa famille. Ce n'était pas présentateur qu'il aurait du faire mais acteur de télé réalité. Oui mais à l'époque John de Mol n'existait pas sur le petit écran du moins.

Tout d'un coup est arrivé un mal qui, d'après ma grand-mère, avait disparu après la 2ème guerre mondiale. Il est vrai qu'entre la reconstruction d'un monde et le développement de l'Europe de l'Ouest, on en avait oublié les principes de bases. Oui, une guerre, mon Dieu que c'est bon pour l'économie ! Surtout que celle ci aura coûté combien de vies ? 50, 75 ou même 100 millions ? Surement plus… Mais bon, voilà. On retrouvait ces problèmes qui resurgissaient : emploi, chômage et pauvreté. J'avoue que je ne comprenais pas. Je travaillais énormément pour ma part car mon grand-père m'avait inculqué le travail non comme labeur mais comme source de joie, de paix et d'accomplissement intérieur.

Je ne poursuivais absolument pas les profits mais une envie de vivre et non de survivre. Sans pour autant m'imaginer que l'état devait aider la création du travail. Pour dire vrai, je voyais l'état à l'époque comme un gouffre financier. Couverture d'un monde de l'ouest qui nous racontait mille et une choses sur le monde de l'est et ses fameuses dérives. A l'époque en Italie, c'est là où je découvris les partis politiques sans aucune conviction. Tel que le parti de la démocratie chrétienne… Voilà bien un slogan marketing de communication qui ne veut rien dire. Mais soit, c'était le retour aux idées sans fondement tel que le rassemblement du peuple de la république. Qu'est-ce que cela veut dire ? Rien. En tout cas, pas plus que la publicité banale d'un yoghourt.

Bon. Après tout, quelles étaient les valeurs de l'état ? Y en avait-il au moins ? Certainement pas ! Et ce n'est pas avec des personnages ridicules comme Giscard qui se pavanait d'aller boire le café avec des éboueurs que l'on allait sortir d'une crise qui avait de fait commencé le jour de la révolution industrielle et de l'avènement de l'or noir. Non, nous étions dans la menace du politiquement correct de ces groupes de droite qui ne cessaient de parler d'imposteurs tel que de Gaulle, comme si il était un Dieu vivant, un nouveau buddha peut être. Le plus drôle c'est que l'on ressortait leur nom à chaque nouvelle élection.

Le pain aura été le souci de la révolution française. Le travail aura été le souci de cette révolte qui gronde depuis si longtemps. Voilà que l'humain voulait travailler et voulait une couverture sociale car on lui aurait fait croire qu'elle existait... Quoi ?? La loi sociale ? Oui, parfaitement. Donc le concept de l'Homme moderne qui doit dépenser pour vivre. Quand on dit vivre, c'est bien vivre, évidement.

Je me rappelle de cette exposition à Milan où un artiste avait décidé d'exposer des boites remplies de merde et de les vendre très cher. Et bien tout a été vendu à des musées. Ne riez pas c'est avec notre argent, celui des impôts.

VII
12 novembre 2012

Le logement est aujourd'hui un véritable problème car il est vrai que l'on vous demande autant de documents que vous pouvez en apporter le jour où vous souhaitez devenir locataire. Mais quand j'ai eu 18 ans on louait en deux minutes et on changeait d'appartement presque tous les mois car c'est bien de changer. Personne ne veut vivre au même endroit trop longtemps. Bien entendu, on payait un loyer mais il est vrai qu'à l'époque il y avait tellement de boulot que c'était facile de gagner ce qu'il fallait pour payer le quotidien.

Aujourd'hui, j'ai honte quand je vois ces logements surpeuplés dans une saleté repoussante qui ont été détruits par ces étrangers. Ceux-là même qui sont venus voler notre pain quotidien et qui ont détruit le symbole même de notre devise : se battre pour notre patrie.

Passer des écoles privées ou dites privées car elles ne reçoivent pas les aides de l'Etat et correspondent à un modèle qui n'est pas donné à tout le monde. Nous faisions partie de l'élite, celle-là même qui devait diriger l'Europe de l'ouest. Celle-là même qui était amie des Etats-Unis d'Amérique. Celle-là même qui ne pouvait pas se diriger seule car trop naïve et trop craintive.

Quand j'emploie le mot « nous » c'est un « nous » un peu spécial car j'ai grandi dans un « nous ». Un « nous » égoïste et égocentrique où nous avions le pourvoir et les droits.

Les droits de faire ce que nous voulions avec la bénédiction des pays membres de l'OTAN évidement. Bref, nous n'en avions aucun. Et cette peur d'une guerre qui éclate à tout moment entre USA et Russie alors qu'ils vivaient sur une autre planète dont nous ne faisions pas partie. Notre seul droit était de regarder l'espace à travers leurs images et leurs batailles. Le grand film du dimanche soir était une super production hollywoodienne où tout était à la gloire du pays des étoiles. Surement pas l'image de ce que nous nous faisions croire d'un certain Lafayette, général de surcroit, qui aurait fait la révolution américaine.

Vivre avec ce mur de l'est... Mais que se passe-t-il et pourquoi ? Je ne comprenais rien à cette histoire et le pourquoi de cette idéologie marxiste communiste qu'un jour je vomirai tant elle était une manigance de petits bourgeois comme l'a été d'ailleurs ce fameux Mai 68. Résultat d'un petit groupe d'allumés qui a voulu prendre le pouvoir de ses propres pères en dénonçant les caricatures d'un passé fasciste qu'ils n'avaient pas connu. Cela sans pour autant bouger leur cul de sale petit bourgeois mangeant le pain des soi disant réactionnaires.

Oui, le spectacle affligeant des mensonges. Voilà ce que je commençais à entrevoir. Comment allais-je pouvoir me faire une place dans ce monde de cruauté et dans lequel je souffrais mais dont je ne pouvais parler ? Je découvris plusieurs mouvements au tout début qui m'ont énormément plus. Comme le punk car il détestait les hippies de ces années 70's que bien sûr je ne connaissais pas. Je détestais ces prêtres branchés avec leur guitare et leur sourire chantant des chansons à la con moitié Jésus, moitié révolutionnaires bolcheviques. Non. Moi je préférais les prêtres qui chantaient la messe en latin et qui avaient refusé le Vatican II pour suivre MONSEIGNEUR LEFEBVRE.

Les tableaux en face de moi me faisaient apercevoir déjà le désespoir et les tristes résultats qu'auraient les futures décisions économiques de l'Europe. Celle-ci même qui se croira libre au point de faire dans une idée démocratique une réunion pour créer un échange économique qui, encore aujourd'hui reste une utopie.

Oui, partagé entre punk et église latine, je me sentais seul devant un mur sans réponses. Alors je décidais que je ferais de ma vie une expérience jusqu'au jour où je trouverai le chemin pour accomplir mon envie. Je devenais en classe tellement spécial que l'on pensait que j'étais asocial. Ce qui ne m'importait plus car je trouvais les professeurs ridicules et de toute façon les esclaves d'une société perdue.
Pourtant c'était au même moment que je découvris le monde des filles et de tout ce que cela devait impliquer et le pourquoi on devait être avec elles.

Si j'étais un poète, alors je dirais que l'adolescence est extrêmement difficile et il n'y a pas de solutions, si l'Ordre Nouveau n'est pas là pour apporter ces solutions afin de se sentir comme épaulé. J'ai eu l'avantage d'avoir eu un grand-père mais aussi d'avoir été entouré d'une famille et de nombreux artistes et intellectuels qui ont accompagné cette vie que l'on m'a donnée ; cette envie d'indépendance m'a permis de vivre dans une pseudo insouciance. Surement qui m'a donné l'envie de voyager pour me sentir libre.

Oui. Liberté et nature sont les mêmes fondements de l'être Viking. D'où ces références a cette mère nature source de la liberté criée jusqu'à aujourd'hui dans la guerre des roses. La nature ne s'attache pas tant à la conservation de l'être qu'à la croissance de sa descendance. Il en est de même dans la vie et la mort selon Asgaard. Il n'y a guère lieu d'améliorer artificiellement les mauvais côtés du présent - amélioration d'ailleurs pratiquement impossible - mais de préparer des voies plus saines au développement futur de l'homme en le prenant à ses débuts.

VIII
14 novembre 2012

Je me suis souvent posé la question lors de mon adolescence si je pouvais être fier de ma nation. La nation Viking bien entendu. Quels seraient les sentiments que j'aimerais déployer pour augmenter ce patrimoine qui a fait de moi un être différent ?

Nous appartenons au peuple Viking. Ce peuple privilégié, beau, grand et robuste ! Le monde entier l'a vu tellement il est fort et enivrant. De tous temps, les peuples et les hommes ont essayé de nous imiter, prenant ou inventant des valeurs gothico, celtico, viks mais très souvent les retournant dans des valeurs très loin des nôtres, ce qui provoque souvent de terribles confusions.

Comment des personnes et des groupes peuvent déposer des logos commerciaux qui, pour la plupart, sont de fait des emblèmes qui pour nous représentent les valeurs de batailles, de famille et de clans qui ont lutté pour l'empire : le Reich.

N'est-ce pas une fois de plus le moyen pour certains lobbyistes qui essayent de trouver ce qui détruira notre peuple et éteindra notre nation à jamais ? Et bien je vous le dis. Ce sera impossible tant que je vivrai. Combien se rendent compte de leur fierté bien naturelle d'appartenir à un peuple privilégié ? Se rattachent, par un nombre infini de liens, à tout ce qui a fait leur patrie si grande, dans tous les domaines de l'art et de l'esprit ? L'orgueil d'être viking vient de la connaissance de ces cendres ancestrales. Le peuple n'est pas un ustensile qui va et vient. Non, ce peuple est l'élu. Celui qui a fait rêver au point de le copier, de l'aimer jusqu'a l'idolâtrie. Comble d'une haine symbolique qui terrasse les liens de ceux qui sont sans rien ou très peu.

Il a été difficile pour moi de comprendre et accepter ma différence. Des milliers de personnes seraient jalouses de moi car tout simplement ils ne savaient pas d'où ils viennent. J'ai même paniqué et me suis caché de mes ascendances vikings. Elles avaient un caractère dangereux après les derniers événements historiques, mettant en scène ces combattants victorieux de la deuxième guerre mondiale. Quand je dis victorieux ils l'étaient pour moi. Mais bien sûr, pas pour les imposteurs qui sont arrivés là pour se placer comme on dit. On voit souvent ça aujourd'hui. On les appelle les « faillots » d'ailleurs en cours… Ou les lèche culs, comme vous préférez.

Certains me considèrerons comme chauvin. Et bien je leur dirai alors que j'exalte la grandeur des régions de l'Europe. Dans tous les domaines de la culture à la civilisation. Je me rends compte et je veux partager avec tous les jeunes qui connaitraient un mal-être que l'éducation du Reich lui donnera comme il m'a été donné l'objectivité et la réalité du monde. Mais à une différence près : je serai là auprès de lui pour lui dire et le soulager dans ses doutes. Il faut se battre pour la grandeur de notre grande nation. Il faut vivre pour la nation. Il n'y a aucune utilité de vivre pour soi même. Ceci est un concept fait de mensonges. Si je reprends le concept du village Gaulois, vous le comprendriez tout simplement. Nous avons grandit avec des image d'Astérix et Obélix des bandes dessinées des femmes sublimes, grandes déesses vikings et je refuse toute autre tradition sur ma terre. Car mes amis, notre terre et une terre de sang. Tout être qui ne serait pas du sang des 17400 tribus vikings n'aura pas le droit à cet héritage et pourra rester si il n'y conjugue aucunes haines contre nos clans.

A l'école et dans l'adolescence, je n'aurais vu que des rats courant sur le navire et qui auront tout fait pour utiliser nos images et détruire la mémoire des nos illustres ancêtres. Oui mes amis. Vous voyez, nous parlons de destruction alors que j'ai envie de vous appeler pour la reconstruction de notre nation. Nous devons nous unir ensemble et réunir les concepts pour la foi de notre image et même symbole uni sur la vie politique.

A quel âge un enfant apprend sur ses origines et prend conscience de ce souvenir et de ce que représente le fait de faire partie du peuple élu ? Et que dois-je lui raconter ? Que nous sommes dans la même problématique que les années 30 qui ont mené notre peuple à reprendre les rennes mais à faire confiance à des groupes qui ont su créer des fonds d'investissements appelés « hedge funds » et qui ont développé les crises depuis 1970. Alors je vous l'ai dit. Ne faisons plus confiance à ces politiques que nous devons arrêter et mettre en prison. Nous verrons alors comment ils se débrouillent avec leurs états d'âmes.

IX
14 novembre 2012

Le conflit parent-enfant peut parfois servir à la nation car elle peut déboucher – elle doit déboucher – sur une harmonie ensemble pour le bien de nos peuples. Avoir voyagé à la recherche de l'essentiel m'a amené à comprendre le monde et ce que Mère Nature m'a offert depuis que je suis né. Il est vrai que ces années à Milan ont été extraordinaires car j'ai rencontré des stylistes de mode de renoms, des avocats proches des plus hauts dignitaires de l'Italie. D'ailleurs, ce pays n'existait pas et a toujours été un ensemble de régions appelées principautés, duchés, comtés ou baronnies ainsi que, bien entendu, les états papaux. J'ai approché des personnes que je pourrai citer mais ce n'est pas important. Je ne souhaite pas tomber dans un « gossip » politique. Pour dire quoi ? Que j'ai rencontré le fils ou la fille de telle ou telle personne politique qui a été tellement important pendant certaines années de guerre ? Je dois vous dire la vérité. Et ce que j'ai vécu, si je l'écris aujourd'hui, c'est pour vous donner le système qui me permet de vous faire comprendre que jamais je n'aurai voulu me retrouver dans cette situation. Celle de me battre corps et âme jusqu'au bout pour finir avec ce qui se passe en prônant nous notre peuple comme seule valeur.

Ce retour en Italie me demandait de me concentrer sur l'état et sur ce que cela voulait dire : symbole de la morale et de la nation dans la société présente dans le cœur des hommes de foi. Souvent, on me demandait pourquoi j'avais mes cheveux longs. Je m'apercevais alors une fois de plus du manque de culture de nos nations. Et oui, nous n'avions pas le droit de nous couper les cheveux. Du moins nous pouvions lors du solstice d'été et du jour de noël – nouvel an viking du 21 au 25 décembre. On a besoin de sacres et les cheveux sont la source du sacre dans les deux sens, comme je peux l'énoncer. Si on m'avait laissé comme un enfant qui peut devenir, à quinze ans, un détracteur déclaré de toute autorité, je n'aurais pas appris à connaître cette boue et ces ordures, qui sont l'exclusion de tout ce qui pourrait déraciner le moi.

J'ai grandi dans un monde où l'on ne permettait pas grand-chose de ce qu'on tolère aujourd'hui. Les politiques se montrent à nous comme normaux. Mais si les politiques vont mal, que dois-je dire des médias qui sont plus nuls que jamais et qui font du pseudo politiquement correct ? Pourquoi en fait je n'aime pas les politiquement corrects ? Car ils n'ont aucune conviction et se permettent de vous donner a tout va des bonnes intentions. J'ai énormément appris avec des personnes qui n'ont pas peur de se battre dans le sens de devenir et d'être. Je ne veux pas vous parler de moi et de ma vie car ceci n'est pas le but et je n'en trouverai aucun intérêt. De toute façon, ce serait l'anti moi-même, pour juste me féliciter. Ce que j'ai fait, je l'ai fait. Si certains journalistes veulent écrire des cochonneries sur moi, je ne leur en donnerai pas les moyens. Je suis l'homme qui a été avec des centaines de femmes jeunes et belles... Oh mon Dieu ! Et oui, je ne fais pas des tournantes comme certains de ces jeunes de ces fameuses cités dont on a tellement peur... Oh mon Dieu ! Qu'est-ce que j'ai peur !! C'est vraiment du n'importe quoi... Ils mettent le feu à des poubelles en plastiques... Oh c'est incroyable !... Quelle horreur !...

Tout ce que j'ai fait ne regarde que moi et les expériences ont été pour moi la puissance de découvrir et comprendre qui je suis face aux êtres qui n'ont qu'une envie : celle de détruire ce que nous sommes car ils sont tout simplement jaloux de nous et de nos traditions.

Je n'en veux pas à mes détracteurs. Bien au contraire. Ils m'ont fait devenir un homme et maintenant je sais ce que je veux et où je vais. Oui. Mon grand-père avait raison. Il faut vivre et apprendre tout en protégeant ce que l'on a de plus beau : la nature.

Considérations politiques

17 Novembre 2012

Je sais maintenant pourquoi on ne peut pas se lancer dans la politique active avant 40 ans. On ne peut guère vivre en harmonie avec les peuples si on n'a pas confronté l'impossible, l'inavouable, l'intolérable. Le but de faire de la politique n'est pas de faire partie d'une plate forme, d'un système politique droite ou gauche qui ne ressemble plus qu'à un jeu de personnes qui recherchent la sécurité d'un fauteuil de salons. Examinons les problèmes de la politique et construisons ensemble le parti des nations vikings pour le bonheur d'une seule et même parole dans l'enseignement. Et prenons les positions qui remettent a jour l'opinion nationale.

J'ai mon opinion personnelle et je n'ai pas peur de dire ce que je pense sur les questions d'actualités, que ca plaise ou non. Oui. Participez avec moi pour l'élaboration du parti des traditions, d'identité et culture de nos nations. Je ne changerai pas et je ne modifierai pas mes positions, qu'elles soient politiques ou économiques car elles sont de toute façon essentielles.

J'éprouve le devoir de m'en tenir à cette doctrine qui réprouve depuis longtemps les formes de nombreuses convictions et qui me poussent tous les jours à me battre pour mes origines et à défendre le seul droit qui existe ici dans cette partie cette nation des tribus vikings. Le fait que mes propres hésitations aient été la conséquence de ma compassion envers ces mêmes personnes qui ne respectent pas mon sang m'a fait développer une haine que je devrais dire plutôt plaisante car elle se joue de leur ridicule. La foi de mes partisans a grondé par mille fois et continuera encore et encore. Il fallait ces écrits et ce livre pour que je puisse parfaire à l'éducation d'une grande nation. Celle-là même où les hommes vivront pour elle et nous pour leur propre égoïsme inculqué par la révolution industrielle dont Chaplin s'est moqué sur pratiquement touts ses films et notamment Modern Times.

Je n'ai pas d'adversaire et ne peux avoir de honte car je suis le symbole viking de la descendance. Je confesse et je professe aux peuples et au monde d'aujourd'hui que ma justification sera de plus en plus grande et les termes seront choisis pour sauver notre empire de la crise mondiale. Je ne veux plus que nous soyons les instruments de ces crises tant bien politiques à travers des acharnements vécus sous forme de manifestations qui, sans violence, ne représentent en aucun cas un danger pour l'ordre établit de quelques ministres bien au chaud dans leur tanière : comme ils sont misérables !...

Je suis un chef et je ne serai jamais un politicien. Mon âme est trop pure pour être souillée par leurs merveilles trop sucrées pour moi. Elles ne m'intéressent pas. Je ne sacrifierai pas pour vous, messieurs, ma conviction et mon insolence importe pour vos mensonges éhontés.

Nous devons nous positionner dans un débat héroïque et garder notre honnêteté pour nous battre au parlement, afin de faire avancer l'ordre et non les prémices de tout petit bourgeois engloutit dans l'ombre du capitalisme libéral bien disparu depuis tellement de temps que seuls les politiques européennes ne l'ont toujours pas compris.

Oui ! L'homme politique lutte pour son mandat car il a sa famille non pas à nourrir mais à gaver comme une oie pour son bien personnel. Vous ne représentez, mes amis, qu'un vague souvenir d'une campagne où ils se lavent encore les mains de vous les avoir touchées.

Je veux être donc pour notre peuple cet agitateur public qu'a été Danton et qui a mené le peuple au pouvoir. Il en est assez des technocrates. Comme on chantait : « ah ca ira ca ira les énarques à la lanterne ah ca ira ca ira Les énarques on les pendra... »

Ah ! Ça ira, ça ira, ça ira,
Le peuple en ce jour sans cesse répète,

Ah ! Ça ira, ça ira, ça ira,
Malgré les mutins tout réussira. Nos ennemis confus en restent là
Et nous allons chanter « Alléluia ! » Ah ! Ça ira, ça ira, ça ira,
Quand Boileau jadis du clergé parla Comme un prophète il a prédit cela. En chantant ma chansonnette
Avec plaisir on dira :
Ah ! Ça ira, ça ira, ça ira !
Suivant les maximes de l'évangile Du législateur tout s'accomplira.
Celui qui s'élève, on l'abaissera Celui qui s'abaisse, on l'élèvera.
Le vrai catéchisme nous instruira Et l'affreux fanatisme s'éteindra.
Pour être à la loi docile
Tout Français s'exercera.
Ah ! Ça ira, ça ira, ça ira !
Pierrette et Margot chantent la guinguette Réjouissons-nous, le bon temps viendra ! Le peuple français jadis à quia, L'aristocrate dit :
« Mea culpa ! »
Le clergé regrette le bien qu'il a, Par justice, la nation l'aura.
Par le prudent Lafayette, Tout le monde s'apaisera. Ah ! ça ira, ça ira, ça ira,
Par les flambeaux de l'auguste assemblée, Ah ! Ça ira, ça ira, ça ira,
Le peuple armé toujours se gardera.
Le vrai d'avec le faux l'on connaîtra, Le citoyen pour le bien soutiendra. Ah ! Ça ira, ça ira, ça ira,
Quand l'énarque protestera, Le bon citoyen au nez lui rira, Sans avoir l'âme troublée, Toujours le plus fort sera.
Petits comme grands sont soldats dans l'âme, Pendant la guerre aucun ne trahira.
Avec cœur tout bon Français combattra, S'il voit du louche, hardiment parlera. Lafayette dit : « Vienne qui voudra ! » Sans craindre ni feu, ni flamme,
Le Français toujours vaincra !
Ah ! Ça ira, ça ira, ça ira ! Les énarques à la lanterne,
Ah ! Ça ira, ça ira, ça ira !
Les énarques on les pendra !

Ah ! Ça ira, ça ira, ça ira ! Les énarques à la lanterne.
Ah ! ça ira, ça ira, ça ira !
Les énarques on les pendra. Si on n' les pend pas
On les rompra

Si on n' les rompt pas
On les brûlera.
Ah ! Ça ira, ça ira, ça ira,

Ah ! Ça ira, ça ira, ça ira,
Nous n'avions plus ni nobles, ni prêtres, Ah ! Ça ira, ça ira, ça ira,
L'égalité partout régnera. L'esclave autrichien le suivra,
Ah ! Ça ira, ça ira, ça ira,
Et leur infernale clique
Au diable s'envolera.

Ah ! Ça ira, ça ira, ça ira,
Les énarques à la lanterne ; Ah ! Ça ira, ça ira, ça ira,
Les énarques on les pendra ;
Et quand on les aura tous pendus, On leur fichera la paille au c...,
Imbibée de pétrole, vive le son, vive le son, Imbibée de pétrole, vive
le son du canon.

II
18 novembre 2012

Le chef doit subir toutes les conséquences de ses actes et les assumer devant le peuple qui lui demande d'être transparent dans ses visions politiques, économiques et sociales. Il doit être en accord avec l'exercice des actions publiques ultérieures et ne jamais tomber dans les erreurs des points essentiels de son propre rôle. Le chef doit être le ciment de la confiance de ses concitoyens et accepter ce devoir qui est le sien : amener la nation au rang qu'elle mérite. Il est vrai que les canailles politiques ne respectent plus rien et ressemblent à une chanson d'un auteur français, Dutronc, qui vante les charmes de l'opportuniste au point que sa veste craque de tous les côtés après l'avoir retournée sans cesse. Et voila bien l'image de ces escrocs qui nous vantent leurs mérites et qui ne méritent plus d'être élus.

Je ne voulais pas apparaitre et j'avais voulu pendant des années être derrière l'écran : le fameux back stage. Ne me demandez pas pourquoi…

J'ai, par conséquent, pris le parti de fabriquer des concepts en transformant mes petites amies que j'avais en top-modèles, actrices ou stars pour voir jusqu'où je pouvais aller dans le media social et ses dérives. J'ai appris, malheureusement, que quand on crée de toutes pièces des personnes qui n'ont en fait aucun talent, n'ont pas de morale non plus et vous écrasent au moindre moment de faiblesse. Il m'aura fallu être jeté en oiseau de pâture pour comprendre et que je commence à exposer mes idées autour de moi dans les combles les plus horribles de prisons américaines. J'ai compris que j'avais besoin de créer un comité et de le rassembler tel que le Comité du Salut Public de Saint Just. Je recherchais dans les livres les réponses à mes questions en espérant cultiver l'espace vide qui devait remplir les états de l'être.

J'avais rencontré les différents groupes politiques nationalistes, monarchistes et régionalistes qui étaient tous marqués par la désinvolture de la politique et le non sens des devoirs économiques d'une entreprise qu'est une nation. Oui. Retrouver cet Empire, cette

Europe voulait dire que je devais insister auprès des chambres parlementaires pour convaincre les peuples que seul l'Europe fédérale des régions pouvait fonctionner. Car en aucun cas l'Europe des nations, celle-ci même de Jean Jaurès, ne pouvait réussir. C'est les pourquoi qui restaient sans réponses car il n'y avait eu aucun autre concept que de faire une monnaie unique. De fait, les politiques nous avaient emmené dans une aventure sans process et sans retour car aucun n'avait prévu le plan. Eh oui ! Les américains avaient avant tout créé un plan Marshall. Mais les politiques et technocrates européens ont préféré faire une monnaie sans concept économique pour plonger dans l'abime car soient ils savaient ce qu'ils faisaient en nous amenant au bord du précipice et dans ce cas ils voulaient la chute de l'Europe. Soit ils ne savaient pas ce qu'ils faisaient et dans ce cas il faut les empêcher de continuer a diriger nos administrations et cela au plus vite.

L'existante de notre nation dépend de la décentralisation de nos institutions et l'administration de nos régions qui, dans les temps passés, étaient des baronnies, comtés, duchés ou principautés. On ne peut en aucun cas revenir sur ce passé et sur ces acquis qui ont été décides par des forces contraires à tout sens de l'après deuxième guerre mondiale pour favoriser le pouvoir politique de certains non élus qui le sont devenus car vous avez eu confiance en ces mensonges écris dans livres par ces mêmes personnes.

Nous allons devant une lutte violente des partis et syndicats qui ne cherchent en aucun cas des solutions mais des excuses à diviser d'autant plus les nations vikings comme si nous étions assez fous pour y croire après les mensonges de ses économies parallèles.

Ce que je veux vous dire c'est que je crois en la politique communale et je me rappelle de ce prêtre d'Ascain, au pays basque, que j'admirais et qui organisait autour de lui une politique économique, artistique et traditionnelle tel un diplomate et recevait de la part de tous ses habitants une vraie reconnaissance.

III
22 novembre 2012

Le cœur et le souvenir sont mes armes qui m'ont permis de détrôner l'ancien monde et me projeter dans l'espace de la renaissance. Celui même qui a vu le jour au sein des menhirs de l'ère viking et dont les druides ont su projeter l'odyssée jusqu'à ce que les prédicateurs l'écrivent.

Il faut comprendre que pour nous vikings, notre intérêt vit dans mère Patrie représentée par Freya qui est venue directement de Asgaard pour donner à l'homme le sens de la vie.

Ce pays natal qui nous est cher a été le cœur de toutes les convoitises au point de vouloir essayer notre passage sur terre après la seconde guerre mondiale en inventant un passé qui n'est pas vrai. Car seul dans le mensonge les diasporas ont pu se complaire dans leurs cendres.

Attention je ne dis pas que l'histoire n'a pas existé. Mais qu'elle a évolué. Je vous citerai par exemple Henri Guillemain qui, voulant redonner à l'histoire ses lettres de noblesse, appelées vérité, s'est vu passer de grand historien à pourriture, ainsi jugé par ses pairs oubliant leur propre vérité.

Depuis le 11ème siècle, l'Empire Viking avait voulu donner à ses valeurs économiques le libre échange en donnant libre cours au commerce sous sa forme première des swaps. Nous avions eu pendant des siècles la main sur les évitables entreprises qui faisaient entre fabrication et commerce le savoir faire gothique de ces cultures celtiques et même si déjà l'Empire du Soleil Levant nous copia après le passage de Marco Polo, nous étions quand même des inventeurs et créateurs de talents. Le savon, par exemple qui a été crée à base de graisse de cochon et de braise des feux dans lesquels on fait cuire le cochon. Ah oui. Il faut dire que nous adorons la viande de porc et nous récupérons tout du cochon à part les dents.

Les commerces intérieur et extérieur étaient gérés par un Council de nobles appelé Chambre et l'on y discutait le prix du blé, la politique en terme d'attaque et le jugement des voleurs. Il y avait là dedans une véritable sérénité qui faisait avancer l'ordre nouveau. Il est vrai que l'on n'a jamais vu des artistes aussi brillants que sous nos familles. Ces Bourbons et Habsbourg n'ont jamais été capables d'égaler nos ateliers et nos artistes. Devrais-je dire d'aujourd'hui ou depuis 3 républiques, on n'a fait que passer des mains de minables et d'ordures les pouvoirs exécutifs, judiciaires et artistiques. On voit par exemple une personne de 75 ans qui ne devrait plus avoir le droit de travailler depuis plus de 10 ans au poste de trois institutions de droit français. Alors que font les pouvoirs ? Et bien ils sucent tout, jusqu'à ce que vous ne puissiez plus le supporter et que vous reveniez dans la rue comme vous l'avez toujours fait et qu'ils vous promettent monts et merveilles. Mais cette fois, comme certains en ont eu vent, c'est bel et bien fini.

Oui car je serai là avec vous dans la rue pour réclamer ce qu'avant moi même les justes ont fait. Nous voulons la vérité car nous la connaissons elle est terrible. La vérité, c'est que depuis plus de 50 ans, la politique c'est du sucre sur le dos des employés et des entreprises et qu'il n'y a plus rien a prendre aujourd'hui. Nous vivons dans la menace et l'injustice. Nous vivons dans une Europe sans création, sans service, avec juste une seule chose : la non responsabilité de ses actes. Quand je m'arrête à un feu ce n'est pas parce que le feu rouge veut m'embêter ! Non, c'est pour laisser passer celui qui attendait. Ca s'appelle du bon sens, du code civique ou encore le respect de soi même. La liberté s'arrête là où commence celle des autres.

La politique est comme l'art. Il faut les meilleurs et non ces opportunistes qui ne savent même pas gérer un patrimoine personnel. Les maires, les députes, ne savent même pas ce que c'est que la dette. Et quand on leur demande de l'expliquer ils en sont incapables ; Parfois ils font des sorties du style : « si je suis à la direction d'une quelconque commune, j'ai des spécialistes dans chaque domaine. Ah oui ! Ces même qui ont promotionné les banques françaises et qui vivent de votre argent.

Savez-vous qu'aux USA aujourd'hui, quand vous avez un minimum de 500 euros sur votre compte, on ne vous compte pas les frais de dossier et frais bancaires ? Je ne dis pas que l'Amérique est mieux que nous mais je dis que les personnes respectent les lois et que si elles ne le font pas elles vont en prison. Simple boucher ou gouverneur, tout le monde y va.

IV
23 novembre 2012

Le pivot de la politique se renforce dans la tradition et les éléments de la culture. C'est cette même identité qui tentera de sauver cette grande nation sans les défauts de ceux ci. Et ces défauts parlons-en ! Quand le monde politique de la droite française par exemple se détruit pour un pouvoir qui n'existe pas... Oui. Comment donner le pouvoir à une personne qui se dit neutre alors que si cette dernière était aux USA, elle serait en prison. Oui, parfois le mode américain me manque et me fait comprendre que nous devons juger nos politiques car ils sont les malfrats d'aujourd'hui. Pourquoi les américains useraient de leur pourvoir pour mettre en prison les politiques ? Pourquoi ne le faisons-nous pas ? Voici la réponse : c'est que nous ne sommes pas capables de nous dresser devant les interdits alors que notre nation viking c'est toujours dresser contre les ennemis. Mais qu'avons-nous laissé faire de notre terre qui nous a été donnée par les runes ?

Il faut donc centraliser une organisation comme cela était le cas pendant des siècles sous une forme de décentralisation de baronnies appelée aussi régions ou landers, selon les langues de notre nation. Mais après tout, c'est la forme qui nous attend pour découvrir et définir la vision de notre Europe.

Soyons lucides et portons haut et fort notre opinion qui est en haut lieu et ne pourra plus être oubliée ou écartée au grès de leur bon vouloir. Je vous le dis, c'est fini. Nous allons reprendre les rennes de notre nation et ils ne pourront plus jouer avec nos tribus pour leur soif personnelle de pouvoir.

Nous devons créer le noyau d'une constitution fédérative de notre nation pour agir sur la domination de notre Empire sans avoir à se justifier à des soi disant institutions qui sont là pour assurer l'indulgence envers ses politiques qui abusent du système. Nous devons vaincre ces habitudes politiques car il existe un point culminant : celui d'être du même parti et de ne pas avoir de différence appart le mensonge et la médiocrité. Ces personnes qui pensent nous diriger ont peur de nous. Comment pouvez-vous faire confiance à une personne qui mange tous les soirs dans des Trois Etoiles bien éloignés des problèmes du peuple ??

Je sais ce que c'est car moi même j'ai gagné de l'argent et les escrocs m'ont fait croire que j'existais. J'ai alors commencé à vivre dans des palaces pour ne plus en sortir, seulement pour des premières classes, des voitures de luxe et tout le reste... Mais je dois dire que j'en suis heureux car je ne recherche pas l'argent. Je vous dirai même que je n'en veux pas. Non, je me dédirai à vivre pour notre nation et seulement pour elle. C'est le plus grand cadeau que Odin m'ait fait : faire naitre en moi la volonté de me battre jusqu'a la mort pour récupérer notre Empire dans sa totalité.

Je vais avec vous, mes tribus frères, faire revivre la grandeur de notre peuple que nombres de personnes ont souhaité disparu à jamais. Mais nous étions là au début de ce monde et nous serons là pour fermer le couvercle de l'humanité. Je me battrai contre ce voile qui veut nous être obligé et je l'effacerai d'un coup d'éponge lavant d'un coup les impuretés des ces rats.

A l'extérieur de notre Empire ils ont voulu créer des nationalités en rapport aux tendances ethniques pour imiter nos traditions de nos clans. Nous ne voulons pas nous mélanger avec ces races voisines ; ils sont les bienvenus sur les terres vikings qui ont toujours été les terres d'exil et de protection par Thor pour les opprimés. Mais jamais ils ne pourront avoir le sang qui coule dans nos corps et nous donne le droit de propriété et de droits. Je pense à toutes ses tribus qui attendent le jour où nous aurons les pleins pouvoirs et domineront de nouveau la totalité des administrations.

Nous devons recentraliser les gardes d'Odin pour protéger nos territoires et répondre à nos chefs.

V
26 novembre 2012

La république a montré son vrai visage avec la mort des grands personnages qui ont voulu, pour prendre le pouvoir, se servir des actions du passé. Mais sérieusement, je sais que nous devons surtout lutter pour combattre le maintien de l'Etat. Je saurai, pour emmener mon peuple a une centralisation des régions, pour en investir les codes à conditions que ceux-ci soient dirigés pas des personnes responsables qui ne pourront s'enrichir au risque de finir leur vie en prison de la même façon que les Etats-Unis détiennent leurs citoyens.

Le fait que nous ayons des langues qui viennent du norrois et du latin a créé au fur et à mesure une culture tellement extraordinaire et tellement riche que tout le monde arrive à se comprendre, à vendre les qualités des unes aux autres. Notre liberté vient de notre principe de cette différence qui fait la jalousie du monde et des races qui n'ont ni tradition, ni identité, ni culture. En tout cas, surement pas comme nous.

Nous allons unifier au sein de notre nation viking toutes les tribus avec des lois très strictes qui servent le peuple et non le culte d'une personne comme cela a été trop longtemps le principe. Stimuler la communauté pour le rassemblement et se battre du même côté et mettre les moyens techniques pour avancer et vivre selon l'éclair du drapeau rouge de la force.

Nous avons besoin de chacun pour mettre en place la propagande que vous connaissez si bien car cela commence dès l'école où l'on vous enseigne des droits étrangers qui ne correspondent pas avec ceux des exigences de la nation. Depuis des dizaines d'années la politique a été en Europe domptée par des services de propagande qui se divisaient lors de la guerre froide pour laisser apparaitre les imposteurs. Vous avez compris de vous même. Vous avez senti qu'il se passait quelque chose et qu'il y avait un loup dans la bergerie. Ce loup ne savait pas, c'est que derrière les brebis se cachaient les valeureux bergers qui sortent dans la rue car ils perdent leur emploi et que l'état n'a aucune solution pour y remédier.

Il faut une unité absolue dans l'administration. Je ne dis pas « les administrations » mais « l'administration » car nous devons avoir une administration où les personnes qui y travaillent se donnent a cœur de trouver les moyens pour aider les concitoyens et non se sentir au dessus des lois. Il faudra revoir dès à présent le fonctionnement de ces principes du civisme.

J'ai toujours été avide de savoir ce qui n'avait pas été fait et pourquoi. Et d'y voir la médiocrité et la déchéance de ces êtres dépendants qui n'ont qu'une place : celle que nous allons leur réserver. Ils ont été coupables par omission de la ruine de notre grande nation de notre grande Europe et nous devons les juger devant des tribunaux du peuple comme en 1789. Ce qui leur fera tellement peur qu'ils fuiront avec leurs économies cachées du Luxembourg à la Suisse. Argent volé à, vous peuples des nations vikings.

L'existence de notre vieille terre est liée à la puissance de son gouvernement. Si elle veut être leader du monde devant les américains, japonais ou chinois. Nous sommes l'excellence, nous sommes la création.

Conservons ensemble notre nation et battons-nous pour délivrer le message à ceux qui attendent dans la rue et qui ont soif de vivre et de construire.

Nous sommes forts et résistants. Nous nous impliquons dans toutes les querelles et nous sommes prêts d'une manière étonnante à supporter n'importe quel drame sans en souffrir gravement car l'espérance, fruit intérieur, nous berce depuis la nuit des temps par des messagers tels que Merlin.

Nous ne pouvons plus accepter une mauvaise gestion, une mauvaise administration et des mauvaises directions jusqu'à ce que toute forme de vie ait disparu. Ne soyons pas des morts sur le bas côté, délivrés d'un' mal à jamais assouvis. Relevons-nous et devenons des manifestants comme ils ont connus 1968.

Mobilisons tout le pays et privons les de leur droits. Il n'y a pas d'autre manière de procéder que de les chasser. Vous le voyez dans leurs ridicules affaires de politiciens qui les condamne tous sans exceptions.

Nous sommes un Empire composé de plusieurs peuples qui a été non pas maintenu par la communauté du sang mais par une poignée de brigands commandés par des chefs étrangers venant de loges secrètes qui vivent dans le pouvoir de l'excès.

C'est seulement par l'éducation commune des siècles durant, par des traditions communes, par des intérêts communs que ce danger peut être atténué et que nous retrouverons la paix et l'harmonie de notre Empire. N'oublions pas le père fondateur de notre terre. N'oublions de nous tourner dans la nature et dans le bio. Arrêtons de nous mentir à nous mêmes. Rappelons-nous que nous sommes le symbole des traditions et des principes que le monde nous envie. Si nous ne pouvons pas le vendre alors louons leur, si ils en veulent les miettes.

Regardons ce flambeau flotter sur nos tètes et chantons l'hymne de la reconquête de notre terre sans peur et sans reproche.

VI
2 décembre 2012

Ni l'esprit ni la volonté n'aura lieu sur l'esprit, sur la hauteur des successeurs et les tombeaux de nos ancêtres revêtiront les emblèmes des couleurs de nos tribus.

Un nouveau temps est né pour révolutionner l'Europe et à travers les plaines, les flambeaux commenceront à s'embraser pour finir en torches de joie et de victoire. Notamment pour des causes sociales et pousses par nos ethnies.

Les révolutions ont souvent été le début de lutte de races et non dans la lutte des classes comme ils tiennent à se le justifier. Car ils ont toujours eu un seul et même but : le pouvoir personnel. La base du soulèvement révolutionnaire connait ses origines dans le sens de l'agitement du pouvoir du peuple qui perd pied et qui souffre de son agonie dans cette ruelle masquée de ses ruines couvertes de ses crises artificielles dirigées par les artifices des parlementaires aguerris.

Que voulait dire démocratie ? Et encore plus occidental dans ce monde où l'orientalisme était devenu une obligation dans le devenir de notre société et dans ses travers vestimentaux a contrario de nos provinces qui ne le comprenaient pas et acceptaient encore moins.

Une représentation parlementaire exige de l'ordre et la consolidation d'une langue politique commune qui doit porter le nom de la même marque de cette symbolique qui est revendiquée dans notre occident.

Ne pas oublier que le déclin intervient du manque d'ordre et donc d'initiative de celui qui doit mener de mains de maitre notre peuple et notre nation. Les rennes appartiennent à celui qui a convaincu les chefs des tribus d'Odin qui revendiquent selon eux la diligence d'une seule et même entreprise, d'une image qui poussé l'Empire dans une construction à se battre et à avancer même lors des difficultés. Et à répondre ensemble dans un sens même si il est faux nous prendrons ce virage ensemble et contournerons l'immobilisme acerbe.

L'instruction d'un mouvement parvient par la sentence d'une histoire qui exécuta ces péripéties et ces détails comme si les aveugles avaient pu voir les signes au milieu de leur impossibilité d'un écroulement collectif. Preuve d'une volonté d'anéantir ce néant qui brulait le vilain et qui repente l'enfer de l'indivisible vanité des sous êtres.

Je ne peux pas me perdre car on ferait de ce livre ce que je ne veux pas et je veux aller au delà de ce qu'ils peuvent imaginer case des ruines causer a nos nations par les trahisons de l'après guerre pour le bien de quelques vanités qui perdurent et me choquent tous les jours de plus en plus. Je ne peux réagir que d'une seule façon devant ces êtres qui n'en sont plus et ressemblent a des animaux de basse cour... Encore que...

Les états fédérés des nations vikings sont pour toujours l'intérêt de l'actualité de l'Europe et le seul lien entre le passé et le futur pour asseoir mes conceptions politiques du présent.

Que représente le parlement aujourd'hui à part un ramassis de personnes dont le peuple ne connaît même pas ses détracteurs et encore moins ce qu'ils y font. Oui, il fallait bien le comprendre pour le vivre. Ce lieu est bel et bien une annexe du musée Grévin, musée de poupées de cire où l'on peut y apercevoir des personnages dont on ne connaît même pas le nom d'ailleurs. Mais voilà, c'était cela que la politique européenne qui était là et jouer un rôle si particulier qu'il faut bien dire. Vous n'y comprenez plus grand chose à part que tout le monde voulait être calife a la place du calife.

VII
5 décembre 2012

Il est temps que les premiers indices révolutionnaires sortent des cryptes et des tombeaux pour fleurir à nouveau dans toute l'Europe, commençant a embraser les régions : de la France à la grande Hongrie, jusqu'à ce que l'incendie ait pris tout entier, poussé par les classes sociales qui réprouvent les classes politiques qui ont menti et se sont baignées dans un bain de luxure sur le dos des ouvriers de quelconque condition.

L'ouvrier européen ne peut pas oublier complètement ses origines et comprendre qu'il vient des tribus qui ont peuplé et fait de l'Europe cette grande nation jalousée au point que tout le monde veut nous la piller, nous la voler à coup d'escroqueries. Le soldat qui sommeillait en chacun de nous ne pouvait plus supporter de cuire dans cette marmite sans que le couvercle n'éclate, provoquant ce soulèvement révolutionnaire qui avait déjà lavé nos terres de ces parvenus qui se croyaient encore une fois chez eux.

Je suis venu pour redonner à cette existence notre foi et notre honnêteté dans notre force et notre courage. Mais aussi pour effacer à jamais ces moments douloureux qui nous ont chassés de nos maisons au point de payer même le prix de perdre la vie et de se laisser attraper dans les chaines du malin.

La représentation parlementaire n'existe plus. Son institution n'a pas plus de valeur que la porte de ma maison et nous devons la défier comme elle se défie aujourd'hui de nous en prônant le misérabilisme et le « je m'en foutisme » de ces primates appelés députes ou autres sornettes qui ne savent même pas vous expliquer ce qu'est la dette car ils n'en savent rien eux même.
Tribus et clans comment avez-vous pu voter pour des imposteurs dont vous ne connaissez pas les noms et qui prennent des salaires, des avantages et bien plus encore sur le dos de vos impôts et de votre labeur ?

N'attendons pas le déclin de notre Empire alors que nous sommes sur le point de couler. Toutes ces tempêtes et ces réchauffements climatiques ne sont que les signes avant coureurs de ces monstres qui ont jeté nos terres en pâture car ils sont venus comme des vampires pour utiliser tout notre patrimoine. Arrêtons de regarder les indiens d'Amazonie comme si le sort de notre monde dépendait d'eux alors que ces mêmes personnes illettrées ne sont que les descendants de nos esclaves qui sont portés aux yeux de tous en pâture pour provoquer notre mort certaine.

Il est hors de question pour moi de suivre cette désagrégation et que j'écoute le sentence de l'histoire crier aux milles péripéties au lieu d'anéantir ces vilains. J'entrerai petit à petit dans ces salles d'audiences de politicards acharnés de leur seule envie d'être des élus de leurs fameux dieux alors que seul existe ici bas le bien séant du pouvoir de l'Homme et du Highlander qui prend la vie pour conquérir sa propre recherche de l'éternité. Je suis révulsé par ces hommes qui nous gouvernent et qui ne sont qu'une bande de lâches et de vils menteurs. J'ai toujours compris mon dégout des parlements et que leurs foutaises ressemblent à des cris et des pleurs déchainés sur des causes déjà perdues. Oui, ces hommes n'ont qu'une seule crainte : celle de passer devant les bourreaux comme ils le font aujourd'hui devant vous. Il faut annuler tous les privilèges de la monarchie Bourbon et Habsbourg et empêcher quiconque de monter sur notre droit. Il faut dès à présent annuler toute compassion et envoyer au cachot les présidents et leurs ministres. Sans droits et sans téléphones, leur vie ne sera plus qu'un enfer comme chacun des concitoyens qui vivent dans les abimes de la pauvreté inavouée.

Je suis pour la liberté et l'abolition totale des privilèges. Et si nous avons fait la révolution, ce n'est pas pour que des étrangers viennent manger notre pain et boire notre eau.

Les parlementaires doivent nous rendre des comptes car ils ne sont que nos élus et ne doivent pas gagner plus que tout simple artisan. Ils n'ont pas à avoir quelconque privilège de mutuelle, du moins pas plus que celle de tous les ouvriers. L'égalité des politique se doit d'être un sacerdoce et non la réquisition du pouvoir comme une chambre des pairs trop souvent demandée par ces même messieurs. Une masse grouillante de gens gesticulant, s'interpelant l'un l'autre. Voilà ce qu'est le parlement... Un lamentable bonhomme tout en nage, agitant violemment son marteau, et s'efforçant tantôt par des appels au calme, tantôt par des exhortations, de ramener dans le ton un peu de la dignité parlementaire.

Je ne peux m'empêcher de rire tellement on se croirait dans la cour d'une recréation d'enfants de 5 ans....

Je crois à la cohésion social-démocrate sous le drapeau d'une Europe unie des régions où chacun aurait une chambre qui donnerait à celle-ci le bien de s'administrer tout en collaborant à l'effort de bien politique de l'Europe fédératrice. L'institution du suffrage universel est faite pour rappeler à ces traitres que nous pouvons demander un referendum, arrêter le pays de tout mouvement tel que mai 68 et revoir point par point une constitution qui est une vulgaire farce écrite dans le sang d'une guerre qui a coûté la vie a des millions d'hommes, de femmes et d'enfants.

Il n'y a aucun discours ni intellectuel, ni économique, ni politique qui nous vienne des parlements. Tous les beaux discours sont autant de preuves que de leur système qui montre au monde un lamentable spectacle et nous ridiculise d'autant plus aujourd'hui.

Nos terres sont devenues des bras ballants que plus personne ne craint et dont plus personne n'a d'intérêt car ils ont vendus l'invendable. Ce qui ne leur appartenait pas : notre liberté !

VIII
8 décembre 2012

J'étudiais, silencieux, et pourtant bouillonnant de honte et de haine devant ce spectacle désastreux de ces élus lamentables que vous aviez choisis, plus ou moins intelligents, me convaincant du ras de marée qu'il fallait dans cette nation. Les mêmes qui avaient poussé et supporté les printemps arabes avaient besoin de se retrouver devant la justice. Pas celle des copains ! Non, celle qui les mettra en ballotage, en prison bel et bien hors de chez nous.

Toute une série de questions se posèrent alors à mon esprit.

Je commençais à me familiariser avec le principe démocratique de « décisions de la majorité ». Base de tout le système, non sans accorder une sérieuse attention à la valeur intellectuelle et morale des hommes, à qui leur qualité d'élus des nations imposait un mandat à remplir.

J'appris ainsi à connaitre en même temps l'institution et ceux qui la composaient.

Ma considération du parlementaire se dessina dans mon esprit. Pour enfin voir en lui ce qui devait en être tenu dans un état qui devrait tourner dans le sens d'un mécanisme Suisse. Et non d'une anarchie du mini pouvoir qui a le visage du déclin de l'humanité. Il est hors de question pour moi de m'égarer et je veux constituer ce capital de la noblesse de devoirs que je dois accomplir pour le bonheur de me sentir libre à nouveau.

L'Europe occidentale s'est trompée de chemin en voyant dans les mots philosophiques un concept politique bien trop souvent utilisé par des politiciens en quête de pouvoir. Bien trop lâches pour dire la vérité. Seulement leur vérité. Mais qu' y a-t-il par exemple derrière la démocratie ? Le mot demos et le mot cratos et absolument pas tout ce que l'on vous a raconté pendant des lustres en vous prônant des absurdités tous les jours un peu plus grotesques. Non, le mot DEMOS veut dire peuple et CRATOS pouvoir. Donc le pouvoir par le peuple ou le pouvoir du peuple ou le pouvoir pour le peuple. Enfin donc comme vous le voyez, autant de balivernes que l'on vous en a vendu pendant des décennies comme d'ailleurs les concepts qui s'y rattachent tel que la liberté et les égalités qui, comme vous le voyez, n'ont rien à voir avec la démocratie mais avec le complot mensonger orchestré par les groupes politico financier de l'occident et de l'orient en quête de pouvoir personnel.

Ce destin qui est le mien face à la politique a été créé par ces groupes qui m'ont forcé à me révolter à travers ces moments de haine dans lesquels ils m'ont plongé pour me faire mourir. Pour me faire disparaître, car ils avaient peur de la parole que je pouvais évoquer grâce a ce sentiment d'appartenir aux tribus élues vikings.

L'erreur est de tomber facilement aujourd'hui dans des partis politiques dans cette Europe sans conviction qui se laisse dépasser par ses propres idéologies nombrilistes et n'ont rien a vendre à part des débats houleux devant les caméras en marge de leur terrain pour vous faire croire a leur réactivité.

J'aime l'idée que les charges de l'état sont difficiles à gérer. Mais dans ce cas, comment les donner à des personnes sans formations et sans aucune connaissance des lettres et du terrain ? Dans les deux cas, il y a là un véritable trouble à l'ordre politico moral qui ne peut s'appliquer à ce que l'Europe doit et se doit d'être.

Le parlement prend comme les organes de l'état des décisions sans connaissance des problèmes vu qu'ils n'ont reçu que des directives parlementaires. Mais là où est le problème sur lequel je reviendrai bien entendu, c'est comment faire pour appliquer toutes ces lois sans moyens concrets. Sans une police avec un véritable pouvoir qui réponde a des ordres sans une justice qui réponde aux peuples d'Europe et non aux politiciens qui nous dirigent.

IX
9 décembre 2012

Il ne faut pas rendre une majorité responsable car elle n'a pas l'idée de sa responsabilité face à la nation ; Et le sens encouru de sa détermination pour rendre responsable les actes d'un gouvernement et de ce chef qui aura été choisi. Le chef est le leader. Il est celui qui mène le groupe dans un sens, mais prend les responsabilités de ses erreurs, de ses échecs et de ses victoires. Il n'a pas peur de dire officiellement ce que son parti pense et ce que les peuples veulent de leurs nations.

Un chef c'est un dirigeant qui a élaboré un plan, un concept et qui se tient à celui-ci. L'homme d'état doit convaincre par sa finesse d'esprit et son oration en saisissant les principes de prendre et d'entreprendre les décisions qu'il nous faut au moment même où elles sont énoncées. Le chef ne peut se poser la question aujourd'hui de savoir si il réussit ou non à déterminer la majorité d'une assemblée pour décider. Mais d'avoir cette assemblée pour convaincre les membres et fédérations du parti d'aider le chef dans la volonté d'être une seule et même voix. Car on ne peut se pas se tromper quand on ne joue pas la carte de l'immobilisme et qu'au contraire on joue à pousser les portes de l'absolue vérité.

Ne laissons pas la tumeur engrainer l'organe du parti ni plus du peuple comme c'est le cas aujourd'hui et obligeons à créer une action médicale totale pour enlever ce poison de cancer qui gangrène notre peuple depuis trop longtemps.

Nous aurons les mains propres et dégagerons l'impossible du dégout de cet être infâme qui se dit l'ami alors qui est l'ennemi dans toute sa puissance. Je prendrai le poison de la chimio et obligerai nos médecins de pratiquer l'intervention sur chaque malade pour en sortir toute partielle de mort qui pourrait en sortir.

Je vous pose une question : une seule fois oui une seule fois dans votre vie avez vous compris une idée, une création, un concept avant que le succès n'est lui même gagné celui-ci ?

L'action de génie doit être une offensive prise seul par celui-là même et reprise par cette même masse qui suivant son guide et comprenant alors que la seule voie pour elle de s'en sortir et de suivre ce génie qui lutterait jusqu'à la mort pour ce peuple : tel est le sacerdoce de ce génie.

Je me refuse d'aller flatter les politiques que vous connaissez car je serai dans ce cas le même que ces personnes auxquelles je ne veux pas ressembler. Comme je ne veux pas non plus vous gagner par des poignées de mains sur des marchés ou d'autres civilités qui ne servent à rien. Ce que nous attendons de notre peuple de la nation viking, celtique, gothique est qu'ils deviennent une seule et même voix devant toutes les administrations mondiales afin de dicter ces lois qui sont les nôtres. Celles qu'on utilise depuis le début de l'existence de l'homme. Jamais nous ne plierons devant les étrangers tels que Mittal. C'est à eux de se mettre devant nous et de se plier sinon nous serons obligés de nous braquer et de les faire plier sans aucun retour possible.

Ne soyez pas stupide et arrêtez d'attendre. Nous n'avons rien à attendre. Alors prenons comme nous l'avons toujours fait notre courage et notre honneur. Bloquons et prenons le pouvoir pour changer la face de notre nation sans écouter les conspirateurs. Le guide doit résoudre les conflits avec toute l'honnêteté qu'il se doit. Nous devons ne pas oublier que nous avons tous des devoirs envers la communauté et les obligations de prôner l'honneur de nos peuples. Ne soyons pas ces politiciens qui ne sont que de vils menteurs et des voleurs à la petite semaine. Soyons dignes.

C'est un homme qui construit et non pas un groupe. C'est un homme qui conduit et non un groupe. Il faut un chef, un guide. Celui sur lequel on peut se pencher et avouer ses faiblesses. Un homme qui prenne les solutions dans la minute même où il touche le problème et non passer par une administration de barrages collectifs qui ne voient dans le travail que du zèle pour obtenir des bonus en fin d'année.

Il est extrêmement dangereux de voir aujourd'hui que les parlementaires essayent de tirer la couverture pour créer une autorité qui remplace le chef ou l'oblige à se plier à cette même autorité sur le droit qu'elle représente. Cette même masse qu'elle dénigre tous les jours avec ses airs de supériorité. Et j'attends le jour où je les verrai comme aux Etats-Unis, modèles pour tous ces conspirateurs bradant une pancarte « je suis un politicien, je suis un imposteur. Je vous ai volés, à vous et à mes concitoyens ». Ce jour là, nous aurons enfin gagné leur soi disant démocratie. Mais pour l'instant, il est hors de question que nous reconnaissions ou respections la constitution tant que ceux qui la votent se pavanent dans des privilèges napoléoniens ou bourbonesques.

X
13 décembre 2012

Je pense qu'il faut une institution moderne pour reformer une souveraineté parlementaire. C'est ce que la presse peut redouter car elle se moque de cette assemblée tant que celle-ci n'est pas prête à réfléchir et à juger cette indépendance qui lui est due. Il ne faut pas que ces monuments qui représentent les valeurs de la révolution française et de ce sang coulé et versé, poussé par Robespierre et Danton, tombent dans la mesquinerie de ces personnes qui veulent détourner le sens même de ce symbole qui devrait lutter contre les injustices et dévoiler un visage patriotique et non de petits bourgeois encroutés.

L'Europe est remplie d'une politique de cris et d'injures permettant aux anguilles de se glisser et de montrer un joli pelage alors qu'ils ne sont là que pour profiter d'un système afin d'en ramasser les pièces abimées par la corrosion des acides du malin.

Tous veulent une place aux rangs des intouchables qui sont ceux contre qui on ne peut rien. Oui, je vous le dis. Louis XVI est mort et c'est très bien comme ça. Il n'y aura donc pas de rang ou de titre à attendre si vous ne faites pas tout pour les gagner. Il faut détruire tous les privilèges de quiconque que ce soit à n'importe quel prix.

Ce n'est pas parce que l'on met un système en place que l'on doit le garder. Si on vit à travers un système économique d'insertion tel que le RSA, dans ce cas, la question est de faire en échange un travail pour la communauté et devenir par conséquent irremplaçable.

Il ne peut plus y avoir des titulaires de postes et des postes à convoyer dans l'état pour le bien de ce planquer au soleil. Les conséquences de ces postes et personnes sont toujours néfastes et catastrophiques. Ces mœurs au parlement sont gravement dangereuses et au bord de l'acceptable, voire du possiblement correct. Le chef désigné devra enfin régler les problèmes et remettre en place un océan sans barrage avec le soin de rendre au rang sa véritable valeur et non la perfidie du combat de petits chefs cherchant à utiliser encore le pouvoir pour le vider de ses structures.

Il est impensable de gagner à travers des marchandages. Tout cela pour avoir une majorité temporelle qui ne peut convenir aux esprits mesquins et de nature à créer une activité politique hors normes.

Comment peut-on avoir confiance dans des politiques qui ressemblent à des marchands de médiocrités et dont les actes publics sont inexistants et reviennent toujours à la même phrase encore et encore ? Le fameux « je ne connais pas ce dossier mais il est clair que nous devrions l'examiner en profondeur ». Les dossiers ne sont pas des poissons et les élus ne sont pas des devins.

Qu'y a-t-il à l'assemblée sinon des personnes qui ne mesurent pas la responsabilité d'une vie comme un soldat dans lequel vous mettez dans ses mains votre vie pour défendre celle-ci même ? C'est ce sentiment de confiance qui porte haut et fort l'esprit gagnant du travail en commun.

La chute des ces comploteurs est inscrite dans les astres. Pendant que les druides leurs prévoient les mauvais sentiers, les Hommes quant à eux, feront leurs armes. Le châtiment de faire payer le prix de la honte qui a surgi sur ces foyers en mal de consistance et d'esprit libertaire.

La lâcheté. Voici ce qui caractérise l'ensemble de nos dirigeants. Qu'en est il alors de tous les attributs des subalternes qui auraient du vivre pour la nation et au lieu de ça se pervertissent dans la médisance des genres... Croissante est l'intensité du pouvoir. Et à travers les cris on verra un homme de cœur s'approchant pour faire taire les complices qui se lavent de toute responsabilité et qui refusent l'action de leurs actes. Comment un petit professeur à peine agile peut se retrouver à discuter avec un entrepreneur avide des sous de l'état et qui ne comprend pas ?

XI
15 décembre 2012

Si on imagine que les convictions religieuses sont inclues au profond de l'humain, les opinions politiques sont bien plus fortes si elles ont une véritable signification. Elles préparent l'âme de l'Homme à sa formation et son envie de faire partie d'une propagande culturelle pour trouver en lui le but du graal : la cause.

L'esprit opiniâtre du travail sur l'information peut être pris d'une manière de la communication simple ou continue, pour en devenir l'enseignement et le modèle de la politique ou des politiques qui gèrent et veulent dans leurs mains cette part de vie et d'esprit. Attention de ne pas tomber aux mains des puissances néfastes qui glorifient le malin par peur et honte de l'aboutissement total du monde dans son ensemble. Y a-t-il une machine pour éduquer les peuples qui peut déterminer avec précision les aspirations les plus diverses de l'état souverain ? Qui contrôle l'incontrôlable sous un manteau de gajures et d'infamies, dont les responsables ne sont jamais punis car protégés d'une couche de communautés prêtes à justifier les complots des familles dirigeantes qui sont des étrangers et qui essayent de se fondre dans la masse ? Ils seront toujours découverts comme ces charlatans de bonapartistes et bourbonnais.

Une presse qui continue à jouer le jeu de l'état pour faire d'un détail ridicule une affaire d'état. Que ce soit un Twitter ou un scoop d'évasion fiscale alors que l'on sait depuis des dizaines d'années ce que font ces collaborateurs du pouvoir qui sont prêts à rayer toute pensée qui pourrait causer un problème de digestion aux organes de l'état. Au lieu de sortir ces noms du néant pour leur créer une popularité que vous, peuple acheté sans sourciller, et qui n'a de valeur la seule parole de ses portes drapeaux, des opinions des leaders politiques qui ont décidé de bouger à droite ou à gauche des esprits faibles. Je ne peux être associé à ce ramassis de mensonges et de calomnies qui sont déversés par ces groupes puissants qui croient être intouchables car ils possèdent des relations et qu'ils sont conduits par des garde du corps en voiture de luxe alors que ce ne sont que des dangereux voyous qui payeront tous leurs crimes ainsi que leurs conspirations.

Ne vous servez pas des journaux pour y faire vivre vos idées de conspirateurs car un jour ou l'autre, ces mêmes organes de presse vous renverront dans l'abime du néant qui sera votre seule résidence. Ces chevaliers de l'industrie se sentent invulnérables et sur puissant prêts à tout pour déloger le moindre sous qui ferait d'eux l'être suprême pour porter un coup à toutes ces victimes que vous êtes, pour leur seul plaisir de vous anéantir sans compassion, avec des rires, des hurlements de joie et de plaisir comme ces romains de Néron assez stupides pour bruler leur ville car seul ce spectacle pouvait être le symbole de la toute puissance humaine sur cette terre et d'en dépasser les dieux, créés par ces mêmes hommes.

Si ils ne trouvent pas le moyen de fermer vos entreprises alors ils iront jusqu'à les dénoncer, à créer de toute pièce un complot au désastre pour liquider. Oui, c'est cette mise à mort qu'ils aiment et non la production dont ils n'ont absolument plus rien à tirer car n'importe lequel de ces milliardaires touche plus d'argent sur des mines de commodités et d'hydrocarbures que sur des pompes d'ouvriers qui ne servent à rien de plus qu'à faire des grèves. Ils y trouvent même un certain plaisir de voir les hommes crever de faim dans la rue. Si ils délivrent des croissants, cela rappelle étonnamment des personnages de Harlem dans les années 30 qui délivrent les soupes populaires comme le fameux hollandais.

N'oubliez pas qu'ils ne pensent pas comme vous et que leur importance n'est pas la leur bien au contraire... Bien entendu, la plupart du temps vous n'avez rien vu venir et vous me direz alors quelles sont les alternatives ? Y en a-t-il au moins ? Et bien je vous dirai oui. En effet, aujourd'hui, tout le monde en France et en Europe peut garder son emploi ou en trouver un mais il ne faut pas dans ce cas voter pour cette politique de genres qui n'ont aucune compétence. Il faut dire non à tout agresseur quel qu'il soit et créer une économie de marché et de protectionnisme dans l'euro fort et indivisible avec une seule et même marche à suivre. Mais pensez-vous sérieusement que ces personnes que vous avez élues depuis plus de 50 ans sont à même de diriger quoique ce soit alors qu'ils ne sont même pas capables de diriger une entreprise ou du moins d'en comprendre les fonctionnements ?

XII
15 décembre 2012

Mais après tout, qu'est devenue l'opinion publique ?? Y a-t-il des parlementaires capables de réagir, de s'engager, de se battre et d'avoir des discours cohérents sans avoir besoin de creuser dans le sable pour trouver de l'eau non potable et salée ? Il faut un dirigeant qui s'exerce à faire et à matérialiser l'avenir de notre nation car son seul but est la cause même de cette idéologie.

Une bibliothèque ne suffirait pas pour expliquer les détails de l'opportun. Confiné dans les assemblées parlementaires et qui ressoudent ce néant le plus extraordinaire où on ne saura jamais si tel ou tel député ou sénateur ont effectivement été utiles à quoique ce soit à part à soutirer les sous à l'état et les privilèges de la nation parfois pour lui-même... Parfois même dans des intérêts allant même jusqu'à protéger des familles dites de pouvoir.

Les politiques ont essayé de vous mentir en prônant des valeurs sans règles telles que les pouvoirs soi disant séparés et soi disant impartial. A quoi cela sert d'élire autant de personnes que l'on ne connait pas qui ne font jamais rien et qui sont incapables de répondre a quelques demandes que ce soit ? Comment voulez-vous qu'un député qui n'a jamais vécu l'idée d'organisation d'une multinationale ou de fonds d'investissements puisse prendre part à la défense de vos intérêts vu qu'il ne pourra comprendre le jeu d'échecs sur lequel il a été placé et qu'il faut 3 à 4 coups d'avance pour pouvoir envisager une quelconque opportunité. Comment ces parlementaires peuvent-ils décider et prendre des directives sans en connaitre les clés ? Ce serait comme donner une formule mathématique à un enfant de 9 ans. Bien sûr, l'exemple est surprenant et pourtant tellement juste ! La finance ne s'invente pas et ne s'apprend pas au coin du feu. Nous ne sommes pas dans une série policière de 3ème zone où l'on sait déjà qui a tué qui. Nous sommes dans l'établissement du 21ème siècle et nous avons dans note nation européenne tout ce que le monde désire et nous envie. Alors pourquoi ne sommes-nous pas capables de répondre à l'absolue vérité ?

Quelle est la réalité de ces différentes administrations qui se réfèrent constamment à être validées par les parlementaires qui ont le dos rond pour confirmer des actes inexistants dans les décisions mêmes des volontés du mensonge collectif. Ces gouvernements n'ont plus besoin de demander quoique ce soit aux parlements et n'en usent le système qu'en cas de force majeure pour assoir leurs décisions. Donc je vous demande où est la balance des pouvoirs dans ces cas. ?

Ne vous y trompez pas. Le gouvernement est responsable de tout ; mais les parlementaires aussi, car ils devraient se mettre en accusateurs publics comme l'ont fait des députés tels que Saint Just avec la hargne qu'il a fallu à cette révolution pour s'imposer et prendre les devants pour annuler les privilèges et mettre devant le peuple et la nation ces soi disant dirigeants et de répondre de leur vie dans le sang et de prendre des directives politiques. Cette même révolution dont tous aujourd'hui appellent à se rappeler alors que celle-ci s'est faite dans un bain de sang qui ne s'arrêtait plus au nom de la liberté et dont les imposteurs se réclament alors qu'ils auraient tous été guillotinés vu la vitesse d'en finir du Comité du Salut Public dirigé en sous main par Robespierre. Personnage politique extravagant et opiniâtre se désintéressant du bien et n'ayant pour conviction que la vertu. Celle-ci même qui l'a désarçonné au point d'en appeler à la terreur se ressentant dans ses paroles d'un hymne reflétant la violence d'une guerre menée pour l'image d'un homme.

Du IXème siècle à aujourd'hui, les vikings ont su apporter à leurs peuples des traditions pour en donner le fruit à travers leurs lois comme l'a voulu Guillaume le conquérant. Il a souhaité embellir la vie de ses sujets, comprenant le besoin de partager la loi dans l'unité. Mais également de la faire respecter au prix de juger tout d'abord ceux qui en sont garants qu'ils soient politiciens, fonctionnaires ou toute autre autorité d'état.

Mais il est vrai que depuis la révolution américaine, l'idée d'avoir une représentation du gouvernement hétéroclite avait fortement donné aux peuples une image plus saine mais malheureusement lamentable de perfidie qui devenait de plus en plus un concept d'absurdité qui voulait faire croire qu'un suffrage universel pouvait être une décision du peuple alors que cela représentait une hostilité encore plus forte qui me rappelle l'expression bien connue « reculer pour mieux sauter ».

Résoudre des problèmes et en l'occurrence ceux des peuples des nations vikings n'est pas à la portée de tout le monde. Il faut se plonger dans la diversité des problèmes à résoudre et les sélectionner. Des groupes qui formeront des concepts qui pourront répondre aux visions futures de l'ensemble de nos envies. Il faut créer un forum pour récolter les demandes de chacun et les analyser pour y répondre et donner entière satisfaction à nos peuples de culture et d'identité.

XIII
20 décembre 2012

L'avenir d'un état, d'une nation n'a rien d'une partie de poker. Encore moins d'un jeu de roulette qui se joue entre afficionados dans un casino. La nation ne se vend pas au plus offrant car on ne peut vendre ce qui n'est pas à nous. Tous ces parlementaires sont des irresponsables qui auraient du passer devant le Comité du Salut Public de Saint Just pour répondre non pas de leurs crimes mais de n'avoir rien fait. Car il est là le problème ! Dans cette grande Europe, le politique ne fait rien pour déroger au fameux code napoléonien avec lequel on ne devrait faire qu'une chose... Mais je suis trop poli pour le dire.

La plupart du temps, comme je vous l'ai dit, les parlementaires n'ont pas les connaissances. Mais ils n'ont pas non plus les possibilités intellectuelles à prendre des directives sur des questions qui leur échappent totalement et qui leur posent des problèmes de conscience vu qu'ils ne savent pas comment les gérer. Il faut une droiture dans l'état, dans la nation, dans la politique et l'économie de demain. Les peuples d'Europe ont besoin du civisme et du respect d'autrui en commençant par leurs parlementaires et leur police qui doivent être UN devant le peuple et l'état. Il n'y a plus de dirigeant et je le vois tous les jours à la manière dont les personnes conduisent, ce qui est un véritable scandale et une honte pour la conscience collective. La décision se mérite ensemble sinon il faut aller sur une ile déserte. Il faut arrêter de croire qu'une loi peut intervenir sur un effet immédiat de l'emploi de l'économie de la politique quand les fonctionnaires ne les font pas respecter car ils n'ont pas de chefs qu'ils peuvent suivre et dont ils peuvent être fiers.

Ne tombons pas dans la loyauté qui représente la bêtise et plutôt dans la véritable image de soi-même à travers les valeurs du passé pour un avenir brillant aujourd'hui. N'attendons pas et prenons les décisions qui changent tout de suite notre monde. En moins de 4 ans je relèverai notre nation au rang de première et le monde entier se tournera vers nous car nous en serons les images que tous nous copierons en clamant nos chants.

Il faut que les parlementaires soient guidés par un parti qui vote en état de cause à effet pour dégager au maximum les vérités qui lui sont soumises lors des votes. Les comités doivent être là pour répondre et former ces parlementaires et leur donner une expérience pour promouvoir au sein du terrain un concept qui sera le même du haut de la machine au bas de celle-ci… Si il y a un haut et un bas toutefois, d'une certaine façon d'imaginer une image d'un parti traditionnel. On ne peut plus laisser répondre les cadres de la politique qui se croient intouchables car ils l'ont été jusqu'à nos jours. Aujourd'hui, c'est le coup de balai attendu par toutes les classes sociales et politiques.

Soyons honnêtes et regardons en face cette majorité de personnes élues se prenant pour des notables à leurs petits pupitres de zéro qu'ils sont bel et bien. Je n'aurai pas peur de leur dire qu'ils doivent maintenant partir et ne plus revenir. Ces personnes vous font croire depuis trop longtemps que si ils partaient ce serait la débâcle, le chaos. Mais quel est-il maintenant ? N'est-ce pas le chaos, l'impossible raison d'être et l'anéantissement total de construction ? Oui ces zéros sont de plus bornés pour croire qu'ils sont indispensables à notre vie. Personne n'est indispensable ; il faut se rendre indispensable pour l'être et je ne peux dire que la politique de ces 65 dernières années ont été marquées par le fait d'être indispensables, mais par celui d'être une nullité avare de compliments, égoïste voulant avoir le monde à ses pieds tels les dictateurs qu'ils fréquentaient et en devenaient même amis tellement il est bon ce pouvoir de faire et défaire.

Vous savez bien que toutes les décisions qui ont été prises et bien entendu les mauvaises pour un pays ne sont la responsabilité de personne. Et bien je veux être responsable de tout ce que j'engagerai pour notre nation et je ferai dès la première minute des actes qui feront de notre nation la plus grande du monde car nous sommes les seuls et uniques. Et c'est pour cette raison que tous veulent venir chez nous quand ils sont riches bien entendu.

XIV
21 décembre 2012

Le monde politique prône la démocratie. Mais quelle est-elle aujourd'hui si ce n'est un mot utilisé trop facilement par les esprits sombres ou médiocres ? Je ne peux plus accepter les parlementaires d'aujourd'hui qui viennent de l'étranger pour me donner des leçons et m'apprendre ce que représente la révolution française. C'est par la crainte que nous pourrons évincer les faibles et démasquer les lâches, car seuls pourront rester les défenseurs des droits de nos nations vikings, celtiques et gothiques et ne plus être affaiblis par les antagonismes européens.

Les parlements vivent et votent au détriment des peuples d'Europe et ne comprennent toujours pas la qualité des séparations régionaliste pour un grand empire... Pour l'Empire.

Que ce soit la Normandie, la Transylvanie, la Catalogne, le Pays Basque, la Bretagne, la Sicile... Tous ont le droit et le devoir d'organiser des comités régionaux permettant de prendre des décisions plus rapides aussi bien économiques que politiques et bien sûr militaires, surtout quand des iles sont menacées par un excès d'immigrant venant d'une soi disant nouvelle démocratie comme on veut nous le faire entendre. Je ne veux plus avoir honte de ce que je suis et je ne vais pas être faible devant des parlementaires qui réduisent notre peuple en esclavage depuis trop longtemps. Il est temps pour nous de reprendre ce qui est à nous et de ne pas demander si ils sont d'accord ou non. Mais par les urnes de récupérer une à une nos campagnes. Nous ne devons plus payer les frais et organiser une seule et même Europe qui ne vit qu'à travers nos traditions. C'est cette identité qui a mené les peuples à se révolter et prendre les armes pour vivre dans la croissance d'un libéralisme patriotique souvent mal compris où certains peuvent y trouver des aspirations erronées.

Nous ne sommes pas une vieille Europe mais une nation chargée d'Histoire prête à reconquérir le monde et qui n'a aucunement besoin des autres mais qui mène le monde. Cette terre tourne grâce à nous. Nous sommes la créativité, l'esprit, la vision et l'éclatement d'une image constamment à la recherche d'un savoir faire qui nous caractérise. Aujourd'hui que peut-il nous arriver de pire quand on voit les déchirements de chacun et la médiocrité de ceux qui nous gouvernent au point de se faire écrire leur texte tellement ils n'ont pas pris en cause le concept qui devrait les animer et ne sont que des marionnettes au service de groupes qui de fait ont dirigé et sont entrain de se faire manger par d'autres qui veulent une part de ce gâteau si appétissant...

L'ivresse d'une victoire d'un jour ne peut être l'apothéose d'une nation mais les clameurs enthousiastes des peuples démontrant à quel point l'idéologie et la pratique d'un leader peut être le chemin qui mène à la résurrection de la politique et de l'action de celle-ci sur son économie propre tant que sur sa vision de croissance étrangère.

Qu'est-il entrain de se passer ? Eh bien... Tous ces gouvernements qui se succèdent nous conduisent à la ruine. Et le pire, par tous les moyens qu'ils peuvent trouver. Alors vous me direz : « mais quels leurs intérêts ? » eh bien les groupes qui sont derrière leur font croire a des places importantes dans le futur état d'un nouvel ordre mondial qui serait dirigés par des sociétés non pas secrètes mais élitistes ou pour rentrer il faut avoir certains atouts dans les mains.

Les parlementaires sont les coupables que vous cherchiez car ils ont glorifié des gouvernements qui n'ont eu qu'une idée en tête : celle de se maintenir au pouvoir pour contrôler une pseudo autorité pourtant trahie mille fois et utilisant toutes les facettes qui pourraient les amener d'autant plus à contrôler ces esprits médiocres.

De fait, je vous ferai une comparaison avec les médias. Il y a quelques années, un nombre de médiocres conséquent est rentré dans les médias et ils plaisaient aux dirigeants car ils étaient tout simplement des ronds de cuir. Le problème c'est que depuis ce moment, il n'y a ni création, ni nouveauté et nous avons baigné dans le reconditionnement de produits déjà déterminés prêts à l'emploi. Je ne citerai pas la personne qui se reconnaitra et qui me racontait qu'un jour, dans sa maison de disque, il avait fait écouter une musique sur laquelle un directeur artistique minable lui avait dit qu'il devrait reprendre « par ci, par là quelques notes ». Et bien sûr, cette personne allait s'exécuter quand elle a préféré aller vivre son weekend end de son côté, revenant au label le lundi et faisant réécouter la même chanson sans que personne n'y ait touché, le directeur artistique se gratifiait de cette nouvelle version qu'il pensait être un tube. Voila exactement, à l'image de l'économie, ce qu'est la politique.

XV
24 décembre 2012

L'indépendance et la liberté du pouvoir des parlementaires est souvent menacée par ces groupes prêts à utiliser des moyens illégaux comme de véritables oppresseurs. En l'occurrence, je ne suis pas là pour prêcher pour un état mais pour la défense des traditions des races vikings, celtiques, gothiques qui ont fait de l'Europe cette grande nation. Je suis venu pour le rappeler haut et fort sans complexe, aucun. L'égalité n'est pas au cœur des débats vu qu'elle n'a jamais été respectée de quelques manières que ce soit. Ni par quelconque de ces groupes qui, se sentant inferieurs, ont préféré la ramener à un état d'exil.

L'esclavage n'existe pas chez nous et n'a jamais existé dans le sens que certaines tribus ou certains peuples d'autres continents veulent bien l'utiliser encore aujourd'hui. Le droit des vikings prime sur le droit des politiques et des parlementaires que nous avons et nous devons leur rappeler d'une manière forte pour nous débarrasser à jamais de ces meneurs d'impostures et de gajures.
Notre lutte au bonheur a été engendrée par nos identités culturelles et nos droits à vivre dans une parfaite égalité entre hommes et femmes et sans artifice de quelque manière que ce soit.

Je suis prêt à lutter pour mon existence et prêt à n'importe quel sacrifice pour cette liberté prônée à maintes reprises par nos tribus lors de ces croisades. Je vous demande de redresser vos têtes et de vous mettre en conflit envers les personnes qui méritent le jugement de nos pères. Je n'ai aucune envie d'entendre parler de changement mais tout simplement du fait de retrouver dans mes racines ma terre qui respecte les valeurs de mes aïeux. Je le dis : que toute personne qui ne soit pas en accord avec nos tribus a le choix de partir de chez nous. Je dis bien « chez nous » car il n'en a jamais été autrement. Les tribus se rassemblent sous l'étendard des runes pour être une seule et même armée en face du chaos et je serai là pour brandir cet étendard jusqu'au dernier souffle de vie qui ne sera pas celui que vous croyez. Car ma mort a déjà été prononcée et je suis là pour accomplir le chemin de l'homme que je suis par la volonté des hommes libres et fiers que nous sommes.

Tribus ! Réunissons-nous ensemble autour d'une seule et même idée et battons-nous contre l'imposture.

Les lois des théoriciens n'existent que pour vous anéantir et vous faire perdre conscience. Regardez ce que vous êtes devenus : des agneaux au point de consentir de payer des impôts pour une maison, un patrimoine familial que vos grands-parents ont déjà payé. N'est-ce pas là le moyen de vous voler et de vous empêcher d'être propriétaire et de désolidariser vos biens entre frères et sœurs ?

Notre dynastie na pas besoin de renaitre car elle est là et bien là. Elle a certes été galvaudée par des politiques qui ont préféré s'enrichir plutôt que de vivre de leur véritable engagement mais le passé est le passé et nous n'avons pas besoin de refaire encore et encore les mêmes erreurs. Il nous faut maintenant relever la tête et se battre dans le même sens pour une politique, pour une économie et pour une finance : la notre.

Il faut qu'en plein parlement on entende les voix se lever et acclamer la véritable vision du monde renouvelé et qui croient en une seule et même doctrine pour pouvoir vivre dans cette harmonie de joie qui se battra du côté de la grande Europe. Celle dont tous nous serons fiers car enfin rassemblés autour de nos mythes. Fiers de regarder au loin ces peuples sans cultures, sans identité et sans aucune tradition.

Faut-il une guerre pour nous retrouver ? Faut-il laisser faire les groupes industriels qui n'attendent que les guerres et les crises économiques pour nous rassembler ? Rassemblons-nous et battons-nous aujourd'hui pour faire de notre grande nation cette grande Europe, cette dynastie centre du monde.

XVI
24 décembre 2012

L'idiotie mes amis de ces politiques qui vivent dans l'abondance et se permettent de jouer sur les classes bourgeoises et ouvrières sont complètement arriérés et bel et bien finis. Ils n'ont aucun intérêt de toute manière... Tous ces imposteurs n'ont qu'une seule peur : c'est la crainte de perdre leurs acquis. Ils se donnent un droit de réserve qui leur permet de rebondir à tout moment pour se permettre d'en être maitres. Soyons honnêtes. Vous n'avez absolument pas compris ce qui s'est passé lors du changement des bourses de l'an 2000 et comment les marchés de l'Europe se sont faits anéantir par la NYSE et les bourses de Hong Kong et d'Inde. Encore moins sur cet Euro qui s'est vu naitre sans constitution et sans modèle, au lieu de réparer de véritables index d'économies comme par exemple le baril de pétrole en euro et non dollar. Ce qui invoque une perte sèche d'argent énorme aujourd'hui pour nous et non pour nos ennemis. Alors me direz-vous. Qu'est-ce que faisaient donc ces parlementaires pendant ce temps quand ils devaient se battre pour protéger l'euro, la bourse, les échanges collatéraux ? Et bien rien ! Car comment une personne qui n'a pas la connaissance de ces travaux peut-elle se mettre à imaginer une stratégie ?

Par exemple, imaginez un plombier et demandez-lui de réparer un moteur de Concorde. Et bien c'est un peu la même chose.

Il faut que la masse veuille bouger dans le même sens pour triompher et engager la lutte nécessaire à bloquer et dégager pour le bien de la nation. Le problème aujourd'hui du peuple, c'est la compréhension que le social ne peut être mis en place que si la stratégie financière et économique est dirigée par une politique elle-même menée de front par un seul parti et un seul dirigeant.

On ne peut pas aller dans trois chemins différents pour arriver au sommet de la montagne quand on sait qu'on va jusqu'en haut et en bas et la contourne.

Les classes bourgeoises se sont toujours battues sur le dos des ouvriers et du petit patronat pour lui donner une quelconque valeur, même si celle-ci savait bien qu'il n'y avait pas d'issue à part celle des élections peut-être.

Il faut assoir une troupe de partisans pour gagner par les voix des électeurs et créer à travers ce mouvement de foule une véritable organisation qui compromette toutes les stratégies qui avaient été menées contre nos peuples. Le caractère de ces personnalités a été bien entendu mené avec une grave injustice. Mais nous n'en sommes plus là et il faut que nous puissions agir en tant que tacticien.

Conquérir est bien sûr dans le sang de mes entrailles et j'ai bien sûr le même sang. Mais je ne peux appeler conquérir le fait de vouloir retrouver ses terres et retrouver en son sein une et seule même tradition comme une mère dans laquelle on vit !

Je ne peux regarder ma terre devenir aride et la voir piétinée par des mécréants, m'emportant dans une violence sans lendemain où je jetterai à terre le bras armé de mes frères vikings, celtiques, gothiques jusqu'à ce que Freya me prenne dans ses bras. Jusqu'à ce que je retrouve le sens de la nature. Celui d'Asgaard.

Ma considération politique est faite de mes envies de vivre et parvenir au plus haut sommet de mon âme pour me sentir comblé dans le moi que la terre attend de ma vision d'être : un homme respectant les valeurs de l'humain dont le sang coule en moi et dont les pleurs qui coulent de mes yeux ne voient que la beauté d'un monde rassasié fait de vérité et de transparence.

Levez vous et ayez la foi comme je l'ai en vous pour faire de ce monde celui que vous voulez, où l'aide et le partage sont l'esprit de notre corps et que nous ne fassions qu'un devant l'éternel sapin. Cette sève et ce sang mêlés à jamais pour la beauté de cette terre unique qui a vu le monde naitre et grandir. La volonté du combat du peuple viking est concentrée par l'attraction d'un mouvement à faire disparaitre son adversaire qui s'est déclaré en tant que tel. Jamais un celte ne prônera la bataille mais jamais il ne s'arrêtera tant que l'un des deux ne sera pas parti du territoire. Car nous sommes nés sous le signe animal et notre comportement est celui-ci. La puissance massive du choc est bien réelle aujourd'hui. C'est le moment d'élire notre chef pour combattre et vivre la conviction que nos ennemis sont multiples et variés mais qu'ils ne pourront pas s'assoir et faire disparaitre notre cause.

Le mouvement paganisme est une manière d'avoir continué le symbole de nos pères à travers des traditions qu'ils ont cru être perdues mais que nous avons gardées au fond de nos cœurs.

Europe

I
30 décembre 2012

Europe vieille et jeune Europe
Je rentrais le 24 décembre 2009 en Europe. Je m'émerveillais de voir ce continent si fort et grand, si incroyablement désireux de garder et préserver ses richesses artistiques et artisanales, mais j'avais peur. Qui étaient toutes ces personnes désireuses de détruire ce continent et pourquoi ? Je sentais comme une époque d'avant guerre avec des salaires dérisoires. Je voulais ratifier toutes les villes d'Europe les unes avec les autres pour créer cette assemblée des régions qui permettrait de faire plier tous les dirigeants des politiques actuelles qui avaient ruiné notre continent en toute connaissance de cause, dans le seul but d'amasser les résultats de bénéfices dans des paradis fiscaux hors d'Europe, bien entendu.

Je voyais la ruine dans tous les sens du terme menacer cet empire qui résonnait encore dans ma tête comme le berceau de l'humanité. Je marchais, aveugle de trouver dans cette opinion publique le soutien nécessaire au changement radical qui devait donner une seule et même direction et un leader pour prôner les idées qui, s'appuyant sur le passé, deviendrait le succès de notre existence du présent et de ce futur proche.

Je voyais comment relever notre continent en 4 ans et comment en faire la première puissance mondiale. Car de fait, nous avions tout pour l'être. Toute ma vie, j'ai voyagé autour du globe et créé un marketing dans chaque endroit dans lequel je suis passé. Au point que les groupes ont été assez bêtes pour me suivre et investir de l'argent, même sur des périodes très courtes de rentabilité annuelle, c'est à dire pas plus d'un mois.

Les sentiments des peuples étaient perdus dans la bêtise des journalistes, des politiques et des sondages réalisés par des mafias. Oui, je les appelle des mafias même si officiellement on les appelle les groupes d'investissements ou les multi nationales. Il faut casser et répondre d'une manière ferme.

Je voyais que malheureusement les syndicats avaient eux mêmes bien changé et s'épanouissaient dans le mensonge du capitalisme libéral en faisant croire à leurs adhérents qu'ils allaient combattre. Je n'ai pas besoin de m'assoir à une table avec des politiques pour leur dicter une seule manière de faire tourner les entreprises. Et je vous prouverai tout au long de ce livre politique que les entreprises européennes et françaises ne fabriquent plus ici depuis un bon moment déjà et osent s'octroyer le « Made In France » alors qu'il n'en est rien. Il faut que le monde ouvrier et employé comprenne que le seul moyen pour l'Europe d'être est de casser ces affairistes qui n'ont de cesse que d'engranger des milliards pour leur propre personne et qu'ils ne font absolument rien pour les peuples vikings, celtiques gothiques et qu'ils détestent les traditions dont ils ne font par partie. Je veux voir des patrons fiers d'être à côté du pouvoir de décider et de matérialiser les rêves d'une Europe libre et bien portante, leader du marché mondial et entrainant des idées et des concepts pour une valeur sûre et pure.

Ces grands patrons sont les parias de la société et doivent être traités comme il se doit : comme des traitres à leur pays, à leur continent. Car la plus grande infraction de la loi et bel et bien l'évasion fiscale réprimandée dans certains pays comme les USA pour un minimum de 20 ans de réclusion ferme sans grâce et sans restitution de jours en moins de sentence. L'évasion fiscale montre que cette personne a voulu voler depuis le début et que cette perte d'argent dans l'économie de la nation est la ruine de notre société.

Comme d'ailleurs les étrangers qui viennent et revendiquer un droit d'allocation pour, à leur tour, créer une évasion d'argent qui plonge notre continent dans une problématique réglée depuis longtemps par la première puissance mondiale. Alors quoi ! Il faudrait que ne soyons meilleurs que les autres. Nous ne sommes pas des imbéciles qui croyons au culte du veau d'or et nous devons chasser tous ces médiocres qui ne sont la que pour affaiblir la grande Europe.

II
1 janvier 2013

L'heure est venue aux alliances entre toutes les régions européennes pour retrouver cette grande Europe et construire le 21ème siècle, nous qui sommes en l'année 10195. Siècle spirituel ou siècle tu ne seras pas... Toutes les régions doivent se soumettre à une doctrine qui se partage déjà autour d'un seul parti politique qui doit établir une garde économique et matérielle pour se battre dans les idées d'une grande nation supérieure à tout autre continent.

Le continent européen doit établir une politique commune et continuer jusqu'au bout pour assoir une économie basée sur des actes et non sur des lois maitrisées par des parlementaires minables à la solde de groupes qui revendiquent la fin de l'Europe en l'appelant « vieille Europe ». Alors qu'est ce que cela veut dire quand, devant moi, je ne vois que des pays sans culture, sans langages ou sans vision ?

Le manque de diplomatie a été suggéré par des politiques qui ressemblent plus à des affairistes qu'à des hommes de devoir, prêts à tout pour construire et vivre au gré d'une liberté acquise après s'être battus pour ces terres.

L'ampleur de nos peuples guerriers, qui se taisaient sous l'emprise de ces traitres qui avaient vendu ce qui ne peut être vendu, en l'occurrence nos terres car elles appartiennent à nos traditions. Nous ne pouvons vendre ce qui est et sera toujours la loi du sang.

L'Europe a un but : celui de donner à notre nation, à ses tribus, une vie qu'elles peuvent espérer. Elle doit vivre car elle est le berceau de l'humanité. Je me fiche de ce qu'on me raconte. Ce sont des mensonges honteux pour faire de notre Europe une terre soit méprisée, soit décadente. Il suffit messieurs ! Je vous demande dès à présent de répondre devant des tribunaux dressés par le peuple - par ces clans - qui viendront vous demander des comptes et dont les sentences seront bien plus dures que vous imaginez.

Il est maintenant presque impossible de nourrir une armée européenne ! Alors on vous raconte par de belles phrases que l'on n'en n'a pas besoin, que ce n'est pas l'important. Mais qu'est-ce qui est important alors ? Je vous le demande. Est-ce que le peuple doit payer pour les cadeaux et cette vie offerte aux parlementaires : entre voitures officielles, appartements de fonction et diners au frais de la princesse. Fruit de votre labeur…

Nous devons nous reproduire entre nous et convenir d'un repeuplement. Nous ne devons plus accepter sur nos territoires que des locataires et donner des restrictions comme ils le font sur tous les continents. Le schéma doit être simple et nous devons régler nos lois sur les lois des autres. Donc si il est difficile, voire impossible de monter une entreprise dans ces autres continents et qu'il existe un impérialisme, nous devons faire les mêmes choses sans pitié ni compassion pour sauver notre continent le plus riche et le puissant du monde.

Le temps de la servitude est fini et le plan Marshall enterré, comme le traité de Versailles. Plus aucun étranger ne nous gouvernera et plus aucun système ne pourra nous dicter notre volonté. Nous votons pour une Europe libre et pleine de vie jusqu'au bout de notre destinée.
La valeur de l'individu pour nous peuples viking, celtiques, gothiques représente l'éternelle sagesse qui fait de nous ces hommes peints de bleu et prêts à se battre avec épée et lance. Notre race est la plus grande et je suis heureux de la porter haut et fort. Je n'ai aucune gène de ce que je suis et de prôner, à travers mon image, tous les jours, mon idéologie.

Au détour du chemin, je ne vois que des nations qui ont été élevées dans l'obscurantisme total, au point de ne plus connaitre leurs propre traditions, de ne même plus savoir de quelle tribu ou quel clan ils viennent. Il faut re-cultiver les peuples européens et leur montrer que nos traditions sont jalousées au point qu'ils ont ordonné, après la deuxième guerre mondiale, de les faire interdire par nos dirigeants d'alors qui n'étaient que des vendus à la solde des soit disant alliés. Ceux-ci même qui étaient des cyniques mécréants.

L'histoire de l'Europe a été réécrite pour que vous ne sachiez rien au point que Staline en était devenu le petit père des peuples. Lui qui, avec son bureau politique, a inventé les camps de concentration. Soyons réalistes. Ces livres d'histoire des écoles et collèges ont permis d'utiliser et promotionner des contre vérités, voire même des mensonges pour endoctriner le monde à la servitude du veau d'or, de l'argent, du dollar, des marchés financiers étrangers.

III
9 janvier 2013

Un jour je verrai l'Europe fière de ses peuples et de leur existence. Je vous le dis aujourd'hui. S'ils veulent la destruction de nos tribus, c'est qu'ils savent que nous sommes des peuples forts. Nous sommes cette race qui a fait de l'Europe une puissance indestructible. Ces peuples qui aujourd'hui se révoltent et prennent le poids de la vie pour se battre et faire flotter ce drapeau de l'arbre de vie.

Où est la limite quand on parle du sol de mes ancêtres ? Les peuples de nos nations sont avant tout voués aujourd'hui à leur destin et doivent trouver leur cause et leur but de vivre pour ce même chemin. Celui là même qui fait d'eux l'utilité de vivre et non le symbole d'une société sans racines qui joue entre supermarchés et autoroutes avec un air encombré. Cette nullité acerbe qui s'entrechoque entre deux montagnes jusqu'à ce que « le ciel nous tombe sur la tête » comme disaient nos ancêtres.

Nous sommes arrivés à l'ultimatum décrié depuis longtemps par de grands savants qui prônaient déjà le fait que le monde ne pourrait s'en sortir et que l'on ne contrôlerait pas l'humanité. Mais surtout celle qui ne sert à rien, celle que vous ne pouvez voir à venir mendier toute la journée, fruit d'une mafia étrangère de ces personnes qui ont compris que nous avions, en Europe, le don d'accueillir les peuples opprimés. Ceux là même qui se servent de nos manières pour nous anéantir. Mais voilà. Ils ne connaissent pas l'enseignement nietzschéen qui prône les valeurs et nous présente, à travers trois exemples, comment nous devons réagir ; En citant les deux premiers qui sont contre l'orgueil même de la pauvreté humaine dû à la soumission des religions que nous exécrons plus que tout vu leur indigence à faire régner l'ordre et la vérité.

Exemple :
Un mendiant est devant une église.
- Première option : vous voulez vous déculpabiliser alors vous lui donnez trois sous ;
- Deuxième option : vous faites semblant qu'il n'existe pas pour absoudre votre compassion qui est pourtant bien présente ;
- troisième option (la bonne) : vous lui flanquez une rouste et le renvoyez chez lui à coup de pompes dans la gueule.

Encore une fois, Friedrich Wilhelm Nietzsche nous montre comment il est dur, après une éducation faite de sous entendus, de répondre à la vérité pure et absolue. De protéger son territoire contre ce mendiant qui est en réalité un escroc, un voleur, qui est venu vous tondre pour vous traiter d'imposteur et de voleur à son tour. Je me rappelle, il y a quelques années, avoir rencontré de simples gens par hasard et que j'avais eu envie d'aider pour me venger d'autres faisant le même métier de promoteur dans la nuit New Yorkaise. Ces derniers, à la fin des comptes, me volèrent et me traitèrent de voleur. Je me demandais ce que je devais faire. Devais-je conduire ces hommes à la guillotine comme aurait fait Robespierre ? Eh bien surement ! En tous cas, il est évident qu'ils n'étaient pas américains. Ils étaient venus sans payer, ce que je ne savais pas auparavant car je n'avais même pas idée que l'on puisse rentrer sur un territoire sans papier (ou avec de faux papiers) pour la simple raison que je ne l'aurais jamais fait moi même.

Je vous raconterai au fil de ces pages les « pourquoi » de ma bataille à sauver l'Europe et au fait que toutes les personnes qui disent que nos pays d'Europe sont condamnés sont eux même payés par des groupes qui veulent nous faire disparaître. Car nous sommes le seul rempart à cette humanité et nous les détruirons car nous sauverons des eaux et des tornades nos nations qui répondent à une seule idée. Celle qu'Odin est plus fort que tout et que nous sommes les hommes de la forêt.

Les races vikings, celtiques, gothiques doivent se perpétuer, vivre et engendrer le renouveau de notre Europe. Laissons les autres peuples sans culture s'entretuer. Nous ne voulons ni rentrer en conflit ni prendre parti pour eux car ils ne sont pas de nos tribus d'Europe et ne correspondent pas à l'engagement de notre véritable solution du monde.

IV
10 janvier 2013

La nature s'est prononcée. Elle a annoncé son choix.

Elle s'est tournée vers nous à maintes reprises. Comment, peuples sans cultures, pouvez-vous suivre nos esclaves et aller jusqu'au bout du monde avec eux sans aucune connaissance, sans aucune culture et sans savoir ou du moins le savoir ?

L'équilibre se fera par des moyens bien plus grands que vous ne pouvez l'imaginer. Et Merlin rit de vous voir aujourd'hui, car quiconque ne connait le glaive Excalibur ne peut comprendre la foi dans le pouvoir du dragon et sa force à tout jamais. Les races de nos nations feront tout pour assoir et assurer le sol de nos aïeux.

La nature ne connait pas les frontières politiques de ces pays qui se disent civilisés ou se donnent des mots de démocrates. Non, elle ne connait que la sève qui coule dans le sang de chaque viking.

Le jeu des forces tourne autour du globe pendant que nous perdons nos véritables buts. Nous ne sommes pas là pour nous résigner à sauver nos vies d'un puits du désespoir. Je vous le dis aujourd'hui. Vous avez, peuples de la nation viking, celtique, gothique, la noble tâche de vivre et de faire vivre notre cause. Le savoir et le faire savoir.

Notre territoire doit être protégé. Le cadeau d'Asgaard de nous avoir offert cette terre dont tout le monde nous envie la beauté est le fruit de la vie que tous les jours nous pouvons boire et croquer à pleines dents. Il est le fruit même de la volonté de partager ensemble ce paradis vivant ici bas.

Cela fait trop longtemps que des groupes ont essayé d'implanter des idées pour détruire et faire fuir notre peuple. Ces mensonges ne sont que des propos calomnieux qui n'ont qu'un seul visage : celui de l'imposture et du droit de nous voler le fruit de nos ancêtres qui se sont battus pour protéger et sauvegarder cette terre qui ne nous appartient pas et que notre père Odin nous a donné pour la conserver et lui apporter tout le soutien dont la nature peut avoir besoin.

Il faut absolument sauvegarder et aider tous les jours cette classe paysanne et l'encourager à développer ce travail qui fait de nos produits les meilleurs du marché et montre une fois de plus que l'Europe peut vivre sans le reste du monde. Nous n'avons pas besoin du reste de ces régions à qui nous avons apporté plus que le savoir : la sérénité dont ils n'ont même pas su apprécier les pépins ni trouvé le moyen de nous en remercier.

L'agriculture est la base même de l'Europe. Quand on voit notre alimentation, nous n'avons pas envie de ressembler à ces barbares des autres continents qui vivent entre les produits recréés par des machines et des hormones dont on ne connait pas encore les conséquences.

Mais l'Europe, c'est aussi être fier de ses institutions. Quelles sont-elles ? Sinon ses armées, sa Police et sa Justice…

Il fallait se recentrer et apporter un chef pour conduire cette grande nation et redécouvrir nos peuples odinistes pour le plus grand plaisir de ces institutions en mal d'être car abimées par ces politiques minables et médiocres qui ont fait d'eux des lépreux du pouvoir exécutif et qui ne savent plus rien faire à part attendre et obéir aux ordres d'imposteurs venus redoubler leur bêtise personnifiée.

Je veux recréer une force constante avec des lois et des règles. Il nous faut l'ordre total sans aucune réflexion de quelque sorte que ce soit. Il nous faut mettre au pas ces ennemis de nos peuples qui pensent jouer au malin. Mais pas avec moi. Je leur donnerai tellement de mal à être qu'ils partiront d'eux même en implorant et en imaginant toutes le nuits me voir chasser en eux ce malin dont j'ai trouvé la botte secrète. Je serai le bonheur incarné pour toute l'Europe et le mal pour tous ceux qui entacheront mon chemin.

Je supporterai toutes les instances policières et je leur donnerai l'ordre de redonner le visage humain de la sérénité. Je veux une Europe où les vols n'existent pas et ou l'on n'a pas besoin de fermer la porte de chez soi car on connait le châtiment a ceux qui oseraient passer outre les engagements que j'aurai fait devant les peuples des nations d'Europe.

V
17 janvier 2013

L'avenir de notre grandeur est là, devant nous. En trois mois, je redresserai notre pays. En 6 mois, il sera sorti de la crise. En deux ans, il deviendra le plus puissant du monde et dictera au monde ses exigences sans écouter les leurs.

On ne peut échapper à notre destin. Il est évident que nous cherchons à vivre en harmonie pour le bonheur de nos peuples et que nous rêvons de la paix mondiale. Mais nous devons être un peu réalistes et regarder en face la vérité d'une vie bien compliquée pour nous, humains, vivant dans une société fragilisée par les pseudo medias prêts à tout pour vous faire croire que vous êtes prisonniers des stéréotypes religieux…

Certains groupes ont parlé d'une Europe qui se propagerait à travers la troisième voie pour l'avenir d'une Europe unie. L'ouest et l'est devaient rassembler des conditions et des concessions. Et quoi de plus normal que l'esprit d'une famille qui s'est battu pour le présent d'une tradition ?

Je reviendrai au fur et à mesure sur les points qui feront l'unité de nos peuples, me référant à l'historique de cette lignée qui traça une ligne continue depuis le 8ème siècle jusqu'à aujourd'hui... Nous devons par ailleurs retrouver une industrie et un commerce international car nous sommes le centre de toute la créativité mondiale. Nous n'avons pas besoin des autres. Il est hors de question de nous brader et nous devons leur imposer notre style et non leur vendre notre savoir faire.

Ce développement des affaires ne sera pas facile ni rapide si nous ne changeons pas l'idée d'une Europe nouvelle. Nous devons jeter aux ordures tout un état de pièces usagées come nous le ferions dans notre maison si nous devions vider nos placards.

A la différence d'un essor industriel, l'Europe doit se restructurer pour reprendre l'avantage de ces marchés qui ont été perdus par les politiciens minables. Ceux là même qui ont ruiné notre Europe et continué à utiliser les méthodes les plus troubles pour tirer des profits sur des impôts. Se servir dans les caisses des pays en voie de développement, sous couverture de sociétés écrans dans des paradis fiscaux autorisés.

Je veux bâtir avec vous une grande flotte qui dirigera notre peuple pour se battre. Quand l'Europe pourra s'engager dans la voie d'une économie stratégique pour contrôler son pourvoir et refléter le système financier. Il faut projeter sa nouvelle génération dans un monde d'ordre et de culture où l'affirmation de faire partie de la conquête a été enfin parsemée de droit et de vision : la progression non utopique d'un monde bien réel.

Les différents pays de l'Europe doivent redonner à cette dernière ce patrimoine régional qui nous rend plus forts et plus vivants dans cette grande nation. Une politique unique qui se multiplie en différentes actions dont l'énergie se propage uniquement dans notre grande Europe. Nous devons régner sans avoir besoin de répéter à nos invités qu'ils ne sont que des invités et qu'à tout moment un passeport peut être aboli par suite d'une mauvaise conduite et du manquement à notre communauté.

Il n'y aura pas d'excuses et je serai obligé de rappeler à toute personne les codes si elle ne se comporte pas et si elle ne respecte pas le système juridique. Une conquête économique et pacifique peut être un non sens complet dans un monde en perdition.

Les doctrines de l'histoire ont gâché l'apprentissage des hommes. Notre rôle est d'en redéfinir les limites pour comprendre et évoluer au sein d'une grande nation : l'Europe.

VI
19 janvier 2013

Si l'Amérique, du moins les Etats-Unis d'Amérique sont le modèle de la démocratie, alors nous devons les imiter sur les différentes méthodes, que ce soit dans la justice ou l'économie, en suivant à la lettre leur manière d'agir. Dans ce cas, personne des Nations Unies ne pourra revenir sur ce que nous ferons vu que ce sera dans le digne respect des droits de Washington DC.

Alors l'Europe renaitra de ses cendres. Aucun peuple mieux que les tribus européennes n'a mieux préparé ses conquêtes économiques par l'épée, et ne les a défendues plus résolument.

La politique est là pour assoir nos conquêtes économiques et se servir de toute parcelle de terre dans notre intérêt. Encore une fois, l'homme ne vit pas pour lui mais pour la nation. L'idée de liberté a été utilisée dans le mauvais terme et est devenue le "faire ce que l'on veut". Et bien non ! On ne fait pas ce que l'on veut quand on veut. Si vous voulez vivre sous cette méthode alors vous allez sur une ile déserte et bon vent ! Mais aujourd'hui, dites vous « qu'est ce que je fais pour mon peuple, mon pays, ma terre ? » Cette vie, ce corps ne vous appartient pas et fait partie d'un tout et celui-ci même qui fait de nous des êtres différents car nos sommes dirigés par nos traditions. Récemment, une personne me disait qu'il n'aimait pas que j'utilise le mot « race » pour parler de l'Europe. Et bien, c'est pourtant ce que nous sommes. Et des imposteurs tels que les ci nommés, les membres de Yalta - Churchill, Staline, Roosevelt ou le planqué de Gaulle - ont voulu vous faire croire que vous faisiez partie d'une économie mondiale appelée globalisation ultra libérale ou communiste et que vous deviez oublier ce que vous aviez appris et surtout la notion de race aryenne... Oui aryens. Alors que certaines légendes se propageaient dans le monde, le symbole devait être confiné par une guerre dont vous n'avez eu que des brèves et qui ont été faites pour détruire nos peuples. Un jour, lors d'un de mes diners je provoquais d'une manière gentille une amie indienne pour qu'elle dise a tous ceux qui étaient autour de la table qu'elle était aryenne et fière d'être plus blanche que les autres. Les personnes blanches de peau étaient ahuries et outrées d'une blasphémassion allant contre les principes inculqués du aryen de la seconde guerre mondiale. Encore une fois, réveillez-vous et rappelez-vous que l'on vous a menti. Vous vous êtes confinés dans les mensonges d'une société basée sur l'escroquerie d'un monde où vous avez accepté d'être les esclaves d'hommes lâches et dénués de toute envergeure politique.

L'Europe a besoin aujourd'hui d'un armement comme d'une armée digne de ce nom et de montrer que même au son du glaive et au plus profond de notre liberté souvent interprétée par le kilt que je porte en hommage aux milliers de soldats qui sont morts pour notre justice. Nous protègerons et nous nous battrons pour nos valeurs. Nous tuerons encore une fois la flamme du dragon venu jouer au plus fort avec nous.

Nous ne sommes pas des mercenaires même si, pour certains, nous ressemblons à des barbares avec nos visages teints de bleu pour défier l'ennemi. Mais nous puiserons au plus profond de notre sang le sacrifice pour donner à nos peuples la victoire certaine. Mais cette fois-ci, nous écraserons ceux qui ont voulu nous défier, tel la charte normande - sicilienne.

Nous sommes brutaux, dans la volonté du combat. Ces groupes ont oublié à quel point. Mais ils vont vite se souvenir ou leurs parents vont leur raconter car il ne fallait pas nous réveiller.

Je veux mourir pour cette terre qui est l'Europe et dont je suis heureux de porter le drapeau contre les ennemis de l'état grand et tout puissant.

Tout politique sait bien en me voyant que ne je ne fléchirai pas comme les autres devant eux et que je suis capable de tout pour sauver mon peuple car seule compte pour moi la grande Europe. Je suis né pour la défendre. Je n'ai pas peur de la presse ou des journaux satiriques car ils voient en moi un homme de convictions. Ils auront compris que je n'ai besoin ni d'argent, ni de pouvoir. Mais j'ai besoin de pouvoir me regarder dans une glace et me dire : « cette terre m'a été donnée par Odin et j'en suis fier ». Je me battrai pour l'honneur des peuples vikings celtiques gothiques et je regarder dans les yeux quiconque voudra me faire face en lui exprimant ce que cette terre représente pour moi : la liberté.

La contagion de ces groupes ne tiendra pas contre moi. Je les ferai partir car, ils le savent, ils ne peuvent pas rester si il ne reste pas ce symbole de liberté pour lequel nous nous sommes battus. L'Europe est une terre de recueil et non d'exil, comme des imbéciles ont pu vous dire dans des émissions qui vous détruisent tellement. Ce sont des gadgets pour vous lobotomiser.

Il faut se battre contre ces propagandes qui vous font croire n'importe quelle ânerie. Seul l'ordre pourra redresser notre grande nation. Seul l'ordre est capable d'en faire le continent le plus fort. Personne ne veut que nous prenions la parole car ils ont peur que nous réussissions à être le centre du monde, ce que nous avons toujours été. Il suffit !! Reprenons ce qui est à nous !

VII
20 janvier 2013

Tous les gouvernements prétendent à une quelconque conquête économique du monde. Eh bien c'est faux, car c'était le souci de leur présence au pouvoir, ils comprendraient la difficulté de pouvoir concilier le vrai du faux. Surtout en termes de finances et de rapport à la dette qui devrait être un atout de construction permanente.

Les révolutions ont donné à notre nation une entière disposition à faire de nous une nation de peuples qui prônent et pleurent leur entité. Car oui, nous savons être fiers de notre idée d'être des humains face à la nature notre mère. Pour certains, l'écologie vient de faire une apparition. Mais pour nous viking, celtiques gothiques, ça a toujours été le cas et nous avons toujours fait des forêts notre symbole de vérité et de pleine conscience. Nous ne sommes pas à la mode. Nous n'avons pas besoin. Nous sommes de véritables identités qui ont construit un monde beau où le calme et la lumière se retrouvent derrière nos menhirs.

L'Europe doit être ce passage à l'ère nouvelle qui redonnera à nos tribus le sens même de ce suffrage qui a caractérisé depuis des millénaires notre manière de décider et de trouver les moyens. Personne ne peut entreprendre une quelconque conquête en Europe car nous ne sommes pas à vendre et nos terres sont élevées dans le respect de l'ère suprême.
Les alliances de nos terres seront une révolution aux yeux du monde qui ne comprendra jamais l'unité de notre corps.

Nous ne repartirons ni sur une triplice ni sur un traité de Versailles de 1919. Pourtant, encore présent à l'heure où nous parlons et même plus que jamais. Il faut en finir avec le code napoléonien qui n'est là que pour servir une société d'arrivistes qui ont été consacrés par tous ces gouvernements prêts à tout pour détruire l'Europe et faire de cette zizanie un pouvoir personnel.
L'heure n'est pas à la défense mais à l'attaque et je vois des légions de femmes qui veulent se battre pour leur droit d'être et de

ne pas être esclaves d'hommes trop stupides. Ils ne voient encore dans la femme que la faiblesse alors que nous avons, au fur et à mesure de notre histoire, vécu sous la domination de certaines d'entre elles qui ont montré un visage bien plus agressif dont nous avons besoin pour découvrir le chemin qui mène à la gloire un peuple victorieux.

Le moment est venu pour nous de choisir et de faire des alliances entre nous peuples et tribus du nord. Pour vivre notre destin et de ne plus espérer car le rêve n'existe pas et nous devons prendre et vaincre pour sauver notre Europe et contrôler notre avenir. Ne soyons pas aveugles et esclaves de l'impossible. Ne soyons pas des philosophes sur réalistes par qui rien ne vient à part la misère et la déchéance. Il en est assez de ces dominations politiques qui ne servent à rien. Crions notre dénouement de notre grande nation.

Construisons notre terre et n'écoutons pas ces imposteurs de la finance prêts à tout pour gagner jusqu'au dernier symbole de la pauvreté et de l'esclavage des hommes qui nous confinent dans une relation erronée de vivre et d'être les tribus qui ont gagné les batailles et ont fait de ce monde une terre pour tous.

VIII
20 janvier 2013

Une terre pour tous ne veut pas dire pour toutes les tribus mondiales. Ceci n'est pas sans conséquences évidement. Notre tradition est basée sur le fait que si vous n'engagez pas votre vie elle-même, jamais vous ne la gagnerez. Votre vie bien entendu… Je pense être clair.

Le sacrifice de l'existence individuelle est vital pour assurer la conservation des races viking, celtiques, gothiques et que notre Europe après 35 000 ans continue à être glorifiée par notre estime. Si un jour prochain je le peux, alors je veux que mon rêve d'être unis comme les 13 grandes tribus royales pour continuer le rêve de toute une vie d'être protégées et de vivre dans cette harmonie qui est la notre où bonheur et joie nous gratifient dans l'espérance d'un monde meilleur.

Je voudrais voir ou savoir que mes peuples ont repris une à une les terres de notre territoire et former des vertus héroïques et mépriser les parasites qui véhiculent une hypocrisie mensongère égales à elles même. Retrouvons nos fondations de notre grande nation et consolidons de nos mains le ciment qui fait de nous ce peuple fier et qui n'a jamais combattu sans ses binious qui ont fait notre réputation au milieu des autres.

Nos peuples ne seront pas vassalisés et condamnés par des traitres qui ont pour doctrine la ruse perfide des parasites. Le manque d'intelligence et le manque de courage se cachent derrière la stupidité de certains sentiments soi disant humains pour décrire cette lâcheté de l'homme qui devrait tout simplement exécuter de vouloir vendre son besoin. Version de la délation qui a été l'empreinte même de la seconde guerre mondiale et qui est le résultat d'hommes et non de femmes qui, pour un bout de pain, ont laissé tuer des innocents.

La force d'un état intérieur ne peut prétendre à l'épanouissement économique car jamais les qualités constructrices des états ont été liés à l'économie. Mais voilà, encore un mensonge créé de toute pièce par ses politiciens qui, par la peur, pensent vous donner la possibilité de voter pour eux et de continuer leurs arnaques pendant que vous continuez à souffrir.

D'innombrables exemples nous montrent que le déclin d'un Etat est proche.
Et si la formation des communautés humaines s'expliquait en premier lieu par l'action des forces ou des mobiles économiques, ce serait le développement économique maximum qui devrait signifier le summum de puissance de l'Etat et non l'inverse. Or, ce n'est pas le cas.
La croyance à la force économique pour la fondation ou la conservation d'une grande nation paraît surtout incompréhensible,

quand on la rencontre dans un pays où l'histoire, à chaque pas, démontre le contraire d'une façon claire et répétée.

Dans l'histoire, nous avons démontré au fur et a mesure que seules les qualités morales construisaient un pays. Elles sont également les moyens de conserver un pays même en cas de problématiques extrêmes dues à une ingérence politico économique vide de ses caisses par des personnes bien malveillantes. Les créations qui supportent la nation doivent fleurir pour conserver la voracité de l'humain de vivre même à travers les plus terribles conflits.

A chaque fois que certains groupes ont essayé de faire de l'économie le point central de notre continent ou des autres, les vertus idéalistes se sont embrasées et l'état s'est effondré dans une perte terrible et sans avenir. Oui il faut l'esprit et la volonté de sacrifice de chaque individu pour cette communauté et faire vœux de vivre pour celle-ci et seulement elle, au prix de n'importe quel sacrifice.

Les vertus de sacrifice pour l'Europe n'ont rien de commun avec l'économie, qui ressort de ce simple fait que l'homme ne se sacrifie jamais pour celle-ci. C'est-à-dire que l'on ne meurt pas pour une affaire, mais pour un idéal. Et cet idéal, c'est la grande réunion de l'Europe... Et de ses tribus.

IX
26 janvier 2013

Européens, Européennes,

Le jeu de l'Europe ne se fera pas à travers les hommes d'états. Si plein d'esprits vont être surpris du changement de mentalité !! Au point qu'ils ne comprendront jamais les hommes car ils n'ont en eux que des intérêts économiques personnels et ne vivent pas pour notre grande nation. Ils font tout pour éviter la mort, autant qu'ils peuvent, à n'importe quel prix bien entendu. Ils sont prêts à détruire et à prendre des vies car leur seul but est de goûter au fruit de la victoire éternelle écrite à l'encre dans les livres d'histoire.

La femme, héroïne de notre grande Europe, mère de famille, épouse du foyer et de notre patrie qui, au cours des âges, se bat et lutte pour la conservation de sa race et de cet état qu'elle défend au prix de son sang. Elle est en première ligne devant les ennemis chargés de leurs doctrines et de leurs dires sans fondement, qui veulent détruire le symbole même de la mère et de la femme. On se croirait dans des contrées lointaines, dans des siècles appartenant à l'oubli et que nous, vikings, celtiques, gothiques nous n'avons jamais connus de toute façon.

On pourra toujours proclamer nos différentes formules comme des vérités telles que :
Jamais un état ne fut fondé par ces soit disant pacificateurs et sûrement pas notre continent. Mais ils me rappellent de leur dire d'une voix forte que je suis pour la conservation de ma race et qu'ils ne sont pas les bienvenus. Voire même qu'aujourd'hui, nous avons décidé de leur demander de partir de leu plein gré ou nous serons obligés de les y aider. Car nous allons retrouver sous forme de réglementations nos lois qui autorisent et interdisent non seulement leur culte, mais aussi leur hypocrisie et leurs mensonges, ainsi que tout ce qui ne correspond pas a nos attentes en fonction de nos lois aryennes.

L'héroïsme est l'instinct de conservation de la race viking qui répond au travail de la culture. N'oublions pas que toute l'économie parallèle représente le début et le premier cas de l'asservissement et de l'oppression et c'est le système que les étrangers veulent nous obliger à adopter...

La foi que l'on avait avant la guerre, cette foi dans notre grande nation et non en cette mascarade des religions qui essayent de faire du populisme pour récupérer des voix comme un vulgaire politicien alors que tout le monde sait que tout cela est faux et n'existe pas. Nous devons avoir foi en la possibilité de conquérir les marchés mondiaux et de s'accaparer du monde par la voie politique et commerciale. Ce que nous devons avoir aujourd'hui c'est seulement et simplement la force de la volonté et la décision de l'action.

Notre instinct politique est simple. La seule explication possible est cette force que j'avais déjà apprise à connaître d'un autre point de vue et qui revient contre moi comme une doctrine et une conception qui peut mener notre vie a une vraie organisation.

Je comprenais que les destructions qui avaient vu le jour lors de l'Histoire de l'Europe avaient influencé l'histoire de nos peuples et m'avaient impressionné dans l'observation de la politique et des tentatives de maitriser cette peste mondiale puante qui essayait maintenant de ronger nos peuples par des faux semblants tellement énormes qu'il aurait fallut être un imbécile pour ne pas les voir et démasquer cette médiocrité que j'avais vue très souvent dans des pays sous développés qui achetaient les notions à des agents souvent renvoyés pour leur incompétence...

La rhétorique de la vie culturelle et économique devait être menée par une politique dans l'ordre. Cet ordre devait être écrit point par point pour une discipline exemplaire qui n'a jamais fait peur à nos peuples mais bel et bien aux étrangers qui vivent dans leurs propres déchets et qui se réjouissent dans leur misérabilisme au point d'en détruire les seuls aménagements payés par des fondations d'aide faites seulement pour prendre le pouvoir de l'économie monétaire.

Ces peuples étrangers ne sont que des pleurnichards et ne sont pas dignes de vivre chez nous. Nous n'en voulons plus. Il y a un moment où « assez » est le mot qui définit une fin d'un cycle qui ne peut plus revenir en arrière ni trouver des solutions.

S'ils croient pouvoir nous impressionner avec des menaces larvées... Gare à eux. Notre patience a des limites. Un jour est entrain de venir où nous clouerons le bec à ces sales menteurs. Les membres du parti TIC peuvent être rassurés : la fin de la terreur des étrangers est plus proche que vous l'imaginez. Messieurs les étrangers : attendez-vous à déguster comme jamais auparavant !

Peuple, lève-toi ! Tempête, déchaine-toi ! Relevez-vous et soyez des êtres de volonté.

La deuxième guerre mondiale et ses mensonges

I
2 février 2013

Comme il est difficile pour moi de commencer ce chapitre ! Et je me pose des questions.

Comment faire pour lire entre les lignes et vous faire comprendre ce que j'ai lu et le partager avec vous ? Pour visualiser et comprendre la seconde guerre mondiale il faut savoir et comprendre les motivations de certaines personnes qui ont créé des mensonges de toute pièce par peur d'un futur qui, d'après ces même personnes, pourrait être bien plus puissant que toute forme de pouvoir jamais encore vécu.

Je suis né à un moment où la guerre était une provocation comme celle du Vietnam. Les groupes communistes russe-stalinien ont su faire passer des messages aux jeunesses de l'ouest pour créer des groupes terroristes et se revendiquer d'un marxisme pur et dur qui n'était qu'une supercherie. Une de plus, venue de dictateurs bolcheviques. L'après seconde guerre mondiale fût terrible et je ne parle pas de pertes mais ce que cela a pu mettre sur pied. Ou autrement dit, une société vulnérable prisonnière d'un monde libre allant dans un ultra libéralisme pour se prouver une existence créée sur la dette et l'envie de certains groupes de détruire l'Europe à tout jamais à cause du soi disant mal qui ronge chaque européen d'origine viking, gothique, celtique.

Les États commencèrent à ressembler de plus en plus à des entreprises qui creusent mutuellement le sol sous leurs pieds. Tentent de se souffler mutuellement les clients et les commandes et de se léser mutuellement de diverses façons, mettant tout cela en scène avec accompagnement de clameurs aussi bruyantes qu'inoffensives.

Ils ont essayé de faire de note monde un grand bazar et de contrôler l'impossible pour rendre vulnérables nos barrières, nos frontières.

Ces frontières qui sont le fruit de notre sang et l'envie d'être libres et de choisir ce que nous voulons être, commençant par être des humains sachant lire et écrire. Cette frontière où nous avions placé des militaires prêts a se battre pour notre liberté et qui ont été détruits pour des groupes d'imposteurs venus se servir dans nos coffres et de même anéantir nos traditions par peur d'un soulèvement possible des forces intellectuelles. Il est tellement plus simple d'avoir des commandants qui ne dirigent rien et qui ne savent rien... Pas même exécuter un ordre. Comment croire à cette époque qui a détruit nos familles ? Comment croire en ces personnes qui, tous les jours, continuent à porter leur haine contre nos peuples pour nous appauvrir ? La guerre a été une histoire sale de tous les côtés et emprunte un autre chemin fait de mensonges et de ressources bien trop pauvres.

Je me suis toujours étonné de voir des documents réapparaitre. Ceux où la seule chose que l'on peut y voir est que les peuples d'Europe ont été des monstres alors que les autres n'ont été que des soumis. Pourtant, j'aurais envie de donner l'ordre à tous de savoir ce que domination et soumission représente sur un point de vue psychiatrique. Il en serait encore plus intéressant si l'on devait juger tout le monde et surtout caractériser par la violence. Alors pourquoi ne pas aller jusqu'au bout du chemin ? Pourquoi s'arrêter alors que c'est maintenant que l'Histoire commence...?

Cette société des Balkans sera toujours un problème. C'est bien pour cette raison que Tito avait trouvé des moyens que personne n'a su troubler et au contraire a même appelé à respecter le solitarisme de ce dictateur. On aimerait bien savoir ce que sa famille est devenue d'ailleurs. Ces Balkans qui ont toujours été sources de problèmes et le sont encore. Que faudra-t-il faire pour sacrifier ses territoires ou sacrifier ses textes ?

II
2 février 2013

Je vois aujourd'hui cette guerre comme un point d'Histoire non fini et que je pourrais enfin refermer le jour où j'aurai répondu à toutes les questions qui sonnent dans ma tête comme des épreuves sans fins et qui me font souffrir tellement il y a trop peu de précisions sur les moments clés. Et il n'y a que des scénarios montés de toutes pièces qui détruisent toute possibilité de contraire. Connaissez-vous une guerre où tout est blanc / bleu ? C'est comme un divorce où le mari et la femme se reprochent les torts au lieu de dire que les torts sont partagés et qu'ils sont de 50/50... Et non 100/0. Encore une fois, la faute est toujours partagée et cela est nécessaire au plus haut point.

Je n'ai pas non plus honte de dire aujourd'hui qu'une lutte pour la liberté est engagée et est telle que la terre n'en avait jamais vu de plus puissante car nous avions été poussés jusqu'au plus profond de nos retranchements, au point de nous faire payer un tribu dont nous ne sommes pas pourtant les bourreau ni les victimes mais qui, à la fin, nous donnait le sentiment d'être des esclaves d'une société qui n'était pas la notre. Et de fait, d'être du mauvais côté de la barrière.

Quoi de plus prestigieux que de croire en une cause et de se battre pour celle-ci ? Je ne veux plus croire aveuglément tout ce que l'on me raconte. C'est bien entendu et logique. Je suis venu pour que le peuple voie clair dans son propre avenir. C'est ainsi que, dès le début de cette gigantesque lutte, se mêlera à un enthousiasme exalté plus sérieux que le nécessaire peut lui même imaginer.

Je suis pour l'exaltation populaire et ce ne sera pas un feu de paille. Non, surement pas ! Il n'y aura aucun moyen de l'arrêter car justement, cette guerre a projeté notre monde dans un 21ème siècle fait de croyances ésotériques, fruits mêmes de notre tradition et qui se traduit chez les autres dans de différentes visions d'exorcismes au point de nous faire passer pour des êtres diaboliques. Il faut dire qu'un régiment de kilts peut faire peur, même aujourd'hui.

La guerre. N'est-ce pas ces phrases entendues si souvent par des généraux et des soldats ? : « Messieurs. Le sérieux n'est que trop nécessaire ; on ne se fait généralement aucune idée de la longueur et de la durée possible de la lutte qui commence. On pense se retrouver chez soi pour l'hiver, et continuer à travailler paisiblement sur des bases nouvelles. Mais en fait l'histoire en est une autre qui s'écrit entre croix rouge, prisonniers et châtiments du vainqueur prêt à n'importe quelle bassesse pour s'en sortir. Pour pouvoir redorer le faucon ailé et crier sa revanche à tout prix sur un homme qui est un soldat et non un pion sur un échiquier. Que sont devenus ces chiens qui ont voulu tuer tout le monde et le pourquoi de cette sauvagerie ? Comment puis-je l'accepter alors qu'on demande d'être magnanime ? Que veulent dire tous ces mots et ces bonnes intentions si ce n'est détruire un peuple, alors qu'il est si facile dans ces moments de le faire et de vivre sur une route tracée au compas dans une carte encore humide du sang de l'encre de l'imprimerie. Cela reflète le sentiment de haine et de soumission de ces imposteurs, qu'ils soient politiciens ou simples citoyens par peur d'être du mauvais côté au lieu d'affirmer leur foi et leur cause.

Ce que l'homme viking, gothique, celtique désire - et je dis l'Homme au sens de l'humain, bien entendu - c'est d'espérer et de croire pour être guidé par un être qui sait mener les rênes des terres d'Odin. La grande majorité de la nation ne peut plus vivre comme autrefois. Et pourtant, c'est ce qu'il se passe dans cette insécurité grandissante. Celle-ci même qui est bel et bien perpétuelle aujourd'hui au point de voir des enfants mal élevés de pays étrangers frapper des femmes pour leur voler leur bien et de ne pas les châtier comme ils le méritent en leur coupant les mains comme cela se passe dans leur propre pays.

Notre terre est une terre d'exil pour le respect et la défense de la liberté d'être un viking. Sûrement pas pour laisser des petits groupes de pourritures nous prendre sans réagir. Apprenez-leur que vous avez fait pour créer un nouveau monde au sein même de notre grande nation, mais que tout ceci est fini et que la deuxième guerre mondiale deviendra un exemple de guerre qui aura été le combat de l'ordre contre des imposteurs qui avaient cru déjà être indispensables pour notre vie.

Mes propositions sont très claires et simples. Notre nation doit être ou ne pas être. Doit-on continuer à se faire insulter dans notre vérité et notre combat. La satisfaction de l'homme et du guerrier fait partie de nos traditions et je n'ai pas d'ordre à recevoir de peuples qui gardaient encore des chèvres il y a 50 ans et qui ne savent pas ce que représente la démocratie, à part des contrats d'alliés et de pouvoir venir faire chez nous ce qui est interdit chez eux. Entre alcool, filles faciles et plus encore. La lutte de l'Europe et de nos peuples sera encore plus exaltée. Et quand ils apprendront la vérité, ils en seront encore plus forts et le réveil sera fatal pour les imposteurs et vermines qu'ils sont tous.

Cette lutte sera menée victorieusement jusqu'au bout. Alors notre peuple reviendra pour prendre sa place dans le cercle des grandes nations par sa puissance extérieure. Et alors l'empire deviendrait à nouveau le puissant asile de la paix, sans être obligé de frustrer ses enfants de mensonges des grands arnaqueurs qui, depuis l'emprunt russe jusqu'à nos jours, ont toujours le même visage... Celui en particulier de Madoff.

Pour moi adolescent, l'enthousiasme européen n'était pas une vaine chimère. Et l'envie de crier les absurdités des dirigeants et du mal qu'ils avaient fait à notre nation depuis plus d'un siècle était l'aboutissement égoïste de ma propre volonté pour me satisfaire d'avoir tout fait contre cette infamie de conspirateurs qui restaient jusqu'à ce jour impunis .

Oui, je voulais enfin faire redécouvrir à travers une Europe des régions le bonheur de jauger ses peuples dignes de leurs sentiments et qui étaient prêts à faire serment de leur sincérité devant les énergies qui constituaient le royaume que nous devions rebâtir, à la force de notre sang et de notre sueur, pour protéger cette tradition qui voulait revivre de ses cendres à n'importe quel prix.

Je ne peux même plus être moi même dans cette Europe qui a détruit mes droits à cause d'une guerre qui a été un moteur de haine et de destruction depuis 1945. Et l'arrivée des armées qui, sur le passage, ont fait encore plus de morts et d'innocents. Il est tellement facile de juger... Mais l'après guerre n'a jamais été jugé ! Bien au contraire... Et de nombreux criminels n'ont jamais été jugés. Voire même ils ont été encensés. Il nous faut la vérité. Il nous faut savoir ce qu'il s'est vraiment passé et arrêter d'écouter ces historiens payés par des groupes qui sont là pour pourrir nos traditions et nos origines. Oui mes amis. Le monde a peur des nos tribus viking, celtiques, gothiques car elles représentent le symbole de l'unité et le premier continent politique et économique. Depuis le 10ème siècle, nous avons grandit et construit un continent riche et prêt à consommer, à vivre en paix avec lui même. Les autres peuples étaient bienvenus
à la condition ultime qu'ils épousent nos traditions et que jamais ils puissent faire de leurs traditions - de fait religieuses - un quelconque symbole ou signe qui serait fait pour détruire notre identité. Ce qui a voulu être fait pendant des siècles jusqu'à maintenant.

Les peuples d'Europe se sont révoltés et cela suffit. C'est la fin d'une ère et le moment est venu de déterrer le bouclier de la paix de nos peuples et de reconstruire sur de nouvelles bases notre unité. Les détracteurs n'ont qu'à bien se tenir et devront prouver ce qu'ils avancent avec des preuves. Sinon ils seront inculpés pour conspiration comme cela est le cas dans le pays symbole des droits démocratiques.

J'ai trop souffert de la deuxième guerre mondiale et de ses mensonges. Certains groupes ont interdit la hakenkreuz. Pour quelle raison ? Je n'en sais rien et ceci est un simple exemple. De Gaulle a interdit tout signe régionaliste, allant jusqu'a s'opposer aux langues telles que le breton, le normand, le basque, etc... Pour quelle raison, si ce n'est une volonté de tuer nos peuples comme l'a fait Staline ou bien Tito avec la Yougoslavie ? Quand ces deux

montres ont déplacé des populations entières des les années 50...
Qui a dit quoique ce soit ?

Je ne veux pas faire des discours sur le passé et cette guerre qui a meurtris mon cœur et mes pensées. Mais je suis obligé de dénoncer ces mensonges créés par une propagande dans le but de détruire nos tribus. Pourtant, ces mêmes personnes devraient savoir que William Wallace a dit NON. Et que toutes les tribus se sont rassemblées à ses cotés. Je n'ai pas peur et je suis aujourd'hui immortel. Même si on me tue, je saurai que maintenant ma légende sera à jamais présente dans les cœurs de mes sujets prêts à se battre à mes cotés car ils savent que je les défendrai corps et âme jusqu'à l'ultime souffle de vie qu'Odin m'a donné en me faisant humain pour accomplir le but de ma vie. Je suis proche de mon peuple et je n'ai besoin ni d'hommages, ni de droits, ni d'argent et encore moins de cadeaux.

La seule chose à laquelle j'ai droit ce sont mes devoirs...

Il faut prendre des mesures contre ces fourbes associations d'imposteurs et de voleurs venus nous piétiner en envoyant des personnes prêtes à évoquer n'importe quel principe. Pour pouvoir faire partie de notre société, il faudrait me prouver que ces personnes ont fait tout ce qu'elles pouvaient dans leur propre pays et me dire pourquoi elles sont venues, inon pour créer le trouble et la zizanie dans notre nation. Je vous le dis. Ces personnes n'ont aucun droit ici. Ceci est bel et bien fini. Comme nous n'avons pas le choix, nous devons évoquer le droit américain et faire de même. Pour être américain, dans le symbole de la démocratie, ou juste pour avoir des papiers et avant de toucher quelconque argent, il faut avoir travaillé 10 ans ou plus pour l'état fédéral et donné de son labeur en termes d'impôts et de doit fiscal.

Les ouvriers européens doivent comprendre que nous devons désherber cette soi disant solidarité internationale qui a poussé des écrivains français et européens à prendre parti aveuglement pour Staline qui a fait le plus grand nombre de morts - et bien plus que l'Allemagne - même si les américains s'en donnent à cœur joie depuis le Vietnam. Et cette guerre froide a été sûrement la plus dure et injuste que l'Europe a du vivre contre tous et sans l'aide de qui que ce soit. Cet arrivisme d'intellectuels faisant partie d'organisations créées pour empêcher nos revendications doivent disparaître car elles ne sont pas légales et provoquent le développement de structures qui désirent prendre le pouvoir et détruire notre civilisation.

Tant que je serai là, personne ne pourra plus nous détruire. Je chasserai un par un ces mécréants, les renvoyant dans leurs pays respectifs où le seul accueil qu'ils auront sera la prison, bien évidement.

Nous marcherons sous les dires de Kant et dans la digne lignée de Robespierre pour reprendre chaque pierre. Que tout un chacun sache que nous sommes les maitres de nos lieux et que personne ne va nous expliquer comment faire pour organiser ou vivre dans nos territoires. Toute personne qui se mettra en avant et justifiera d'un droit pour nous menacer sera accusée de conspiration devant les peuples vikings, celtiques, gothiques et devra être jugée devant un tribunal du peuple pour outrage au fondement de notre civilisation et devra payer sans remise d'une quelconque considération.

Réveillez-vous pendant que les honnêtes tribus rêvent de leur identité. Les criminels parjurent et organisent leur révolution dite culturelle alors qu'elle n'est que religieuse. Tout traitement de faveur envers les politiques doit être annulé et ils doivent être jugés comme de simples citoyens. Il sera hors de question qu'ils bénéficient d'une quelconque immunité.

La question, mes frères tribus, est que devons-nous faire ? Emprisonner immédiatement les meneurs ? Les faire passer en jugement et en débarrasser la nation ? Il faut utiliser toutes les forces militaires et policières dés à présent qui doivent elles-mêmes rejoindre nos ordres et faire allégeance à leur serment d'obéissance envers l'ordre de la nation pour protéger et servir son frère et employer dés à présent tous les moyens pour exterminer par la force toute pestilence.

Il faudra que les partis fassent preuve de bonne foi et prouvent leurs comptes et qu'ils montrent qu'ils n'ont pas usé de quelconques avantages… Ce qui ne sera pas dur à prouver vu tous les abus et les preuves que nous avons déjà en notre possession sur les notes de diners dans des restaurants atteignant le salaire d'un ouvrier. Il faut que le parlement suive nos directives et retrouve une identité qui corresponde à la véritable démocratie et non à cette médiocrité qui se trouve en ce moment même. Qui de vous connait son député a l'assemblée européenne ??

Il faut des parlements régionaux. Il faut une véritable décentralisation pour une meilleure société qui centralisera sous la forme de lois fédérales donnant aux régions les droits de s'administrer.

N'oublions pas que l'existence de nos peuples et nos tribus est en jeu.

III
17 février 2013

Le peuple est poussé à des protestations à cause de ses mensonges qui ont été montés de toutes pièces après la guerre en récupérant cet infâme traité de Versailles. Le peuple s'est senti persécuté par ces groupes étrangers parlant de leurs religions comme un état de fait alors que nous, peuple viking, vivons dans la spiritualité en accord avec la nature et le respect de celle-ci.

Il faut s'opposer et convaincre tous les partisans en commençant par la rue jusqu'à la virtualité des réseaux sociaux. Ainsi, nous augmenterons notre potentiel de victoire et réglerons les problèmes dont les politiques n'ont pas vu les solutions et n'en verront aucune… Car vous ne trouvez pas chez les incapables et médiocres de quelconques résultats potentiels. Je ne vais pas vous citer tous les mensonges que je pourrai vous expliquer bien entendu mais je vais le faire avec un sens concret et actuel. En ce qui concerne un problème que nous venons de vivre, en l'occurrence l'hygiène alimentaire. Soit le ministre ne savait rien et dans ce cas, c'est grave car cela veut dire qu'il est incapable d'assumer son poste. Soit il est le savait et c'est un menteur ; Dans ce cas, il faut le juger devant un tribunal révolutionnaire et le faire exécuter. Il nous faut de l'ordre. Les empires qui ont fait fortune avant Alexandre le Grand jusqu'à ce jour ont été créés dans l'ordre. Seul l'ordre est le pouvoir de la solution de la politique économique.

La valeur réelle des opérations a été réalisée par des imposteurs qui nous ont pris en otages depuis la fin de la guerre, par de fausses conceptions philosophiques dans l'idée de l'extermination progressive et radicale de tous les individus qui auraient pu prendre le pouvoir et le partager dans une Europe des régions, symbole de nos idées et de nos peuples.

Il ne faut pas oublier que pour les médiocres qui nous ont dirigés, la réussite du dessein réside uniquement dans l'application prolongée et uniforme des méthodes pour étouffer une doctrine, etc.

Comment ne pas savoir que l'indignation soulevée par les souffrances éprouvées apportera à la doctrine d'anciens et de nouveaux adeptes à y adhérer avec un plus fort entêtement et une plus profonde haine des mensonges qu'ils ont rencontrés et qui les ont affaiblis voire anéantis... Voire même bien plus, par peur de représailles sur leurs familles jusqu'à 1989, et même à ramener à leur précédente position les transfuges après l'éloignement du danger. La conséquence d'une conviction déterminée est la clé de vouloir se battre pour une cause. N'y a-t-il pas plus belle manière de vivre que celle ci ? La stabilité doit reposer sur des conceptions philosophiques empreintes de l'ordre. Elle est l'exutoire de la constante énergie et de la brutale résolution d'un seul individu. Mais en même temps elle se trouve dans la dépendance du changement des personnalités, ainsi que de leur nature et de leur puissance.

Il est souvent difficile de délimiter les conceptions philosophiques, qu'elles soient de nature religieuses ou politiques. Le combat n'est pas une destruction. Il est surprenant de voir que le caractère négatif peut construire une position par des idées contraires, pour imposer ses propres idées. Ainsi la lutte est moins une défense qu'une attaque.

Toute tentative de combattre un système moral par la force matérielle finit par échouer, à moins que le combat ne prenne la forme d'une attaque au profit d'une nouvelle position spirituelle. Ce n'est que dans la lutte mutuelle entre deux conceptions philosophiques que l'arme de la force brutale, utilisée avec opiniâtreté et d'une façon impitoyable, peut amener la décision en faveur du parti qu'elle soutient.

Je vais définir ce qu'est l'autorité d'Etat dans le calme et l'ordre. Oui, ces deux principes dont nous avons besoin pour fleurir une politique économique saine qui vit de son patrimoine comme aucun autre continent dans le monde. Il faut que vous compreniez que nous devons renvoyer tous ces groupes politiques et les juger devant des tribunaux et les leur donner des peines de prison fermes. Il faut rétablir la peine capitale qui montrera que nous sommes une Europe généreuse mais que nous ne sommes pas le paillasson que certains peuples pensent de nous. Tous les politiques veulent notre destruction depuis la fin de la deuxième guerre mondiale et leur support par des groupes étrangers qui veulent notre destruction. Que vous m'écoutiez ou non aujourd'hui, l'armée est dorénavant en marche et il n'y aura pas de possibilité de retour. L'Europe est entrain de se remettre debout et le peuple commence à comprendre qu'on lui a menti.

Il faut se rappeler de ce qu'a fait Napoléon ou encore le bien connu premier ministre Bismarck. Ils ont voulu faire et ont mis au point une stratégie en voulant comprendre l'Europe et en la nommant « centre du monde » car elle l'est de toute façon et ceci ne changera pas. L'après guerre a remis à la tête des pays des personnes qui sont là pour tuer nos peuples. Mais vous pouvez les prévenir comme nous l'avons fait pendant la révolution française. Ils partiront tout droit devant les juges et ces juges seront élus par vous, les peuples d'Europe, qui devront choisir et inspirer ce symbole de nos traditions.

N'oublions pas qu'après la guerre, ce sont les dirigeants des républiques de l'Europe qui ont été les esclaves au service des pouvoirs capitalistes et marxistes. Regarder les politiciens bourgeois, la distance entre les classes apparaîtra comme toute naturelle durant tout le temps où elle ne commencera pas à agir dans un sens politiquement défavorable pour eux. La négation de cette vérité démontre seulement l'impudence et aussi la stupidité de l'imposteur.

Propagande

I
24 février 2013

Il n'y a pas de politique aujourd'hui sans propagande et c'est pendant la deuxième guerre mondiale qu'elle a pris tout son essor d'ailleurs. Il faut savoir que les plus actifs sur ce sujet ont été les marxistes staliniens et maoïstes avant toute chose en provoquant des ras de marée dans leur propres organisations au point de décapiter leurs chefs respectifs pour l'élection de l'être suprême. Car oui, la propagande commence par l'adoration. Et alors, vous me direz que celle-ci a commencé il y a des milliers d'années avec les religions qui ont mené un combat sans merci contre les pouvoirs non publics du moment et de ces personnalités souvent chefs de guerre qui ne voyaient qu'opulence et vision d'eux même. Mais voilà... La propagande allait rejoindre les deux mamelles de nos sociétés : religion et politique. Une seule et même cause pour le pouvoir d'un seul "moi". Souvent, vous pourrez voir que j'écris et je tourne autour de plusieurs points car je ne juge en aucun cas et ne fait que des constats, certes inquiétant, mais que la morale m'oblige de décrire. Prenons le cas par exemple du pauvre garçon qui s'est immolé par le feu en Tunisie, ce qui a créé le printemps arabe ; premièrement, vous verrez et comprendrez que la récupération de cet événement par la presse, la politique, les religieux et le monde diplomatique est bel et bien une propagande chargée d'obtenir le pouvoir de détruire celui qui est en place ou de se mettre dans une position de neutralité. Tout ceci représente la propagande et ce pauvre malheureux a été bien oublié par l'escroquerie machiavélique de ce pouvoir médiatique qui veut prendre tout et ne rien donner.

Attention ! La propagande ou du moins la véritable est un art et il n'est pas si facile de faire taire ses adversaires. Vous avez la manière de Staline : je fais assassiner tout le monde. Et celle de Goebbels : je tue le fruit. Vous entendez bien, comme moi, que les journaux n'ont aucun droit de vous faire penser ce qu'ils veulent. Et bien ils ne s'en privent pas. Et pour la plupart, ce sont des chiffons bons pour le panier de linge sale.

S'il est vrai que le net a causé bien des soucis, même si on a aussi vu à travers ce réseau une source de propagande qui a un but ultime sur lequel je reviendrai ultérieurement. L'internet est en effet un outil qui reste complètement inconnu pour les partis bourgeois d'ailleurs. D'où les problématiques de ceux-ci à s'en sortir, à en comprendre les réseaux.

Je prenais le temps de réfléchir et de concevoir la propagande de notre parti et l'envie de donner une autre définition à ce mot souvent pris comme un ennemi alors qu'il n'est que celui qui passe le message du ralliement d'un groupe d'autorité et de manière de concevoir la société du 21ème siècle. Il me fallait m'adonner aujourd'hui à la réflexion et à la réalisation pratique de toute propagande qui sera le cœur de notre unité à travers le parti et nous donnera le sourire quand nous marcherons dans la rue armés de nos insignes prônant nos origines et notre identité. Je me suis aperçu qu'il manquait chez nous le symbole même de produit de consommation tel que le tee shirt qui, chez les américains, était devenus un vrai culte de propagande alors que chez nous était du plus ringard. Comment nous, patrons de la mode dans le monde, nous pouvions faire des produits d'une telle bassesse ? Et bien en fait il faut éradiquer tout ce monde de haut en bas. En effet, le chef a peur de celui qui est fort donc il prend comme acolyte un minable ou médiocre pour mener sa campagne, au cas où cette même personne aurait envie elle-même de se présenter aux mêmes élections que lui. Mais ce qu'il ne sait pas, c'est que minable ou bon, la personne à côté de lui sera à cote de lui tant que le chef sera le chef. Et on ne devient pas le chef par des élections mais on nait chef, il n'y a aucun doute dessus. Alors

116

vous me citerez des noms de personnes qui ont été devant. Mais ont-ils été les chefs ? En êtes vous surs ? Et bien je pourrai vous prouver part A+B que vous avez bel et bien avalé l'instrument de la propagande et que vous y avez cru.

Par exemple je vous dis : « la moutarde est bonne ». Alors vous la goutez mais vous ne demandez pas comment c'est fait et qui l'a faite. Voila votre erreur.

Vous avez été l'instrument de la publicité donc de la propagande.

II
24 février 2013

L'instruction de cette propagande est le but de notre grande cause et par mon propre biais la volonté de vous dire qui je suis dans toute la transparence et de ne rien vous cacher. Au contraire et au contrario des autres vous saurez tout de moi : ce que j'ai fait, ce que je suis, quelles sont mes valeurs et ce que je veux faire. Oui, c'est vrai, je suis prêt à me battre et oui, je veux me regarder dans un miroir et me dire que ce que je fais est pour moi car j'en ai besoin. Je ne veux pas me dire que je ne l'ai pas fait. Je déteste les mots qui ne servent à rien et je vais tout faire pour appliquer les solutions. Nous prendrons des décisions dans ces conditions ultimes. Ces personnes ne sont que des épouvantails qui peuvent faire peur à des oiseaux mais sûrement pas à notre nation, fière, qui doit reprendre une véritable propagande pour vivre et vaincre l'imposteur. Chacun de vous doit faire partie de la chaine de la propagande et prôner nos couleurs, qu'elles se voient jusqu'au port d'Alexandrie. L'ordre et la propagande sont les seules manières de vider de la vermine notre nation et nous allons l'aider à partir. Nous allons prôner nos idées tellement fort qu'elle partira car elle se verra entourée d'un concept qui lui rappellera d'où elle vient, car touts ces étrangers viennent eux-mêmes de pays créés sur la propagande d'un seul chef, d'une seule famille.

Ne pensez pas que vous êtes trop fins pour accepter ces enseignements. Rappelez-vous que quand vous écoutez ces belles paroles de philosophes qui vous parlent de l'Afrique, ils vivent dans des 400 mètres carrés à 30000 euros le mètre carré au lieu de s'occuper de ce prochain : celui qui est à cote de vous, celui qui est proche, celui que l'on appelle et qui est de votre propre famille. Et surtout soyez honnêtes avec vous même, pas comme ces crapules qui se fourvoient dans la médiocrité de l'inutile.

La propagande est là pour atteindre un but et elle en est le moyen ultime.

Le but est le symbole même de la cause et celle-ci est le symbole même de l'humain qui est défini et protégé par la propagande. Je peux comprendre que celle-ci ne plaise pas à tout le monde et que parfois son comportement ne soit pas clair dans l'idée de l'intérêt général. Mais si elle est au service de cette cause et qu'elle a l'effet de son but, alors elle devient le moteur de la mise en œuvre d'un rouleau compresseur qui peut être bon ou mauvais. Ceci uniquement si la cause est installée dans des fondements théoriques qui ont vu sa forme pratique et non des idées reçues pour des projets personnels. La propagande rappelle notamment que l'on vit pour sa cause et que l'on fait partie d'un tout. Ce tout est un exemple acharné d'extrême onction de la suprématie que l'on ne peut toucher qu'avec son âme.

On ne doit pas juger le point de vue du but de la propagande car elle ne peut être tenue pour responsable même si dans certains cas elle le devrait. Mais si je m'arrêtais sur la cause à effet, alors j'écrirais un livre philosophique et ce n'est ni le cas, ni le lieu, ni le moment. Nous voulons des actes et non des promesses. Oui, la propagande n'est pas un résidu de promesses faites par un parti qui a élu en son sein un représentant qui ose s'appeler chef et que considère comme minable.

Mon souhait est d'éradiquer toute la vermine que je me jure d'écraser pas après pas.

Mon utilisation de la propagande est claire. Je me bats pour l'indépendance totale de mon peuple, pour qu'il ait du pain pour son avenir bien sombre que l'on veut lui laisser. Je veux utiliser le terme « donner » car cela me rappelle le terme « donner en pâture ». Nous ne sommes pas les esclaves de ces abrutis. La sécurité qui pourra être exercée dans ce que j'appelle l'ordre. Et si je donne 10 ans de prison ferme à un voleur de portable ou 25 ans pour agression sexuelle dans le métro, tout le monde le saura arrêtera de vous agresser par peur de cette porte qui se referme sur soi pour une période de temps qui vous enferme sans télévision, sans rien, avec seulement son regret. Bien sûr et surtout je veux vivre la propagande qui fera revivre l'honneur de notre grande nation. Aujourd'hui je le dis, je me battrai pour donner à nos peuples la justice qu'il mérite car les vauriens ne méritent rien et aucune liberté.

Nous vivons ensemble dans une nation pour nous battre ensemble et protéger nos droits et si vous voulez être individualiste, alors allez vivre dans une île déserte sans rien et sans personne. Mais si vous désirez partager la cause, alors battez-vous du côté de la propagande et relevez votre tête quand quiconque vous regarde. Prônez votre insigne, votre badge, votre tee-shirt qui montrent que vous appartenez à la nation viking, celtique, gothique et que nous sommes chez nous et qu'aujourd'hui, c'est la guerre. Il ne faut pas réveiller un viking qui dort. Il ne fallait réveiller la foudre d'ODIN.

Notre peuple lutte sur cette planète pour son existence et la question d'être ou ne pas être vient de se poser. Toutes les considérations d'humanité et d'esthétique se réduisent à néant quand on détruit sa cause.

III
3 mars 2013

La propagande n'est pas forcément une évasion de sentiments contre révolutionnaires venus pour détruire les autres. Qu'est-ce qui peut guider une nation sinon la dignité de celle-ci et la victoire de la liberté qui peut devenir une arme humaine qui rapidement conditionne cette même notion ?

Car la propagande s'est invitée depuis longtemps dans un combat entre la vie et la mort. Il faut savoir et être conscient que cette arme qu'est la propagande peut être plus que terrifiante et bien détonante... Tellement plus fort que l'on peut se l'imaginer. Qu'est-ce que la propagande aujourd'hui ? Dans quoi a-t- elle évolué à travers ce monde de médias et de réseaux ? On s'est d'ailleurs aperçus comment certains groupes avaient su détourner les images pour se faire élire et détruire les politiques d'un moment pour les remplacer par d'autres. A qui doit s'adresser la propagande ?? Aux intellectuels ou à la masse qui n'est pas instruite ou tellement peu et qu'ils se confortent dans l'idée bourgeoise reçue d'un avenir fait de dettes et de crédits, histoire de croire à l'homme moderne et à cette image créée de toutes pièces par des chants et des icones lors des défilés du 1er mai, symbole d'une propagande de l'ouvrier heureux dans un monde du 21ème siècle. Les intellectuels ont fait depuis longtemps leur dada de la propagande en créant des intonations de voix sur les plateaux de télévisions et en prenant des titres de philosophes ou de professeurs alors que leur souhait était d'être des dictateurs à leur tour, de Staline à Mao, qui se voyaient glorifiés et pouvaient assister au triomphe de leur mort.

Mais la propagande est devenue depuis longtemps la cour de recréation des artistes dominés par l'envie de devenir et d'exister, d'attirer l'attention que ce soit sur des affiches ou sur des spots télévisés. L'idée qu'une image puisse vous évoquer l'histoire d'un film a procuré une envie de plus en plus forte de détruire l'inexistant et de signifier par des photos des envies de créer les vôtres. La propagande n'est pas là pour marquer les images mais pour relater un fait à travers une image. Mais de celle ci ne peut

120

naitre qu'un homme qui sort du l'eau par sa présence et son charisme. Face à lui, ce média devient l'arme de la stabilisation d'un pouvoir économique qui profite au chemin de l'existentialisme de l'homme. La nécessité de l'image et des controverses devient l'appel au sentiment de la raison.

La propagande est de toute façon populaire et amenée par ce peuple qui l'a placée sur le niveau de spiritualité qui assimile la politique et la tradition a nos peuples d'Europe.

Pour ma part, ma manière et ma volonté de parler de la propagande se veut de définir les conditions dans lesquelles je maintiendrai le moral du front : je ferai baisser l'ennemi devant nous. Je jetterai toute considération émotionnelle aux orties. La politique, mesdames, messieurs, n'est pas un champ de lavande et la nation n'est un parc d'animation tel que Astérix ou Disney mais bel et bien un combat. Nous combattons pour cette terre où tous ceux qui viennent chez nous essayent de nous conquérir et de nous emprisonner dans les mailles de leurs filets bien grands qui débordent de toutes parts. La psychologie des foules a changé car on vous a lobotomisé le cerveau avec des phrases tirées des enseignements bibliques tels que « donner sa joue droite » etc.
Mais quand on vous vole, que voulez-vous de plus ? Vous faire tuer ?? La propagande est là pour faire partager à tous le danger et l'hypocrisie de ces menteurs infâmes qui vivent dans leur voiture avec chauffeur. Voila un homme, Giuseppe Piero « Beppe Grillo » qui, grâce à la propagande, a obtenu 25 pourcent des obtentions de voix et qui a condamné le système politique et a finalement eu gain de cause contre cette ordure de Mario Monti qui aura tout fait dans sa vie, du communisme au libéralisme.
La propagande est là pour donner a tous le son d'une voix qui a sonné la fin et le début d'une erre nouvelle de 1789.

Ne nous laissons pas conduire par des soi disant esthètes qui sont a leur air des gens blasés prêts à tout pour détruire notre teneur en action et de créer fermement l'expression d'un salon littéraire pour but de créer une opinion qui engendrerait un vent de révoltes. Qui a créé les révoltes ? Non pas la masse, mais le milieu intellectuel qui 'est révolté contre ses pères et l'aberration de ceux-ci. Mais dans ce cas, c'est bien plus grave ! Nous avons laissé les commandes à des imposteurs payés par des ennemis prêts à tout pour nous détruire.

Aucune différence ne doit, en aucun cas, modifier la teneur de ce qui fait l'objet de la propagande. Mais elle doit toujours, en fin de compte, redire la même chose. C'est ce que l'on appelle la « marteau thérapie » en langage de communication.

Le mot d'ordre peut bien être éclairé de différents côtés, mais le but de tout exposé doit se ramener toujours à la même formule. C'est ainsi seulement que la propagande peut et doit agir avec esprit de suite et cohésion.

La propagande est dans la rue. Elle a un visage, le mien.

Elle a un nom, Tradition Identité et Culture.

La Révolution

I
13 mars 2013

La révolution n'est-elle pas le début d'un nouveau commencement ? N'est-elle pas un renouveau dont on a besoin ? Dans la fin des années 70, époque du mouvement punk, on criait le « no future » comme un état d'être après deux explosions des cours du brut pétrolier et les mensonges des groupuscules politiques qui mettaient en place les dictateurs comme les ayatollah Khomeiny par soucis de prendre part au conflit arabo - pétroliers orchestré par les américains et les russes ou plus vraisemblablement la CIA et le KGB.

La révolution, c'est retrouver la vérité non seulement dans le sens même de cette révolte qui pousse à prendre les armes et a fonder une armée qui ressent dans son leader le respect et le rapport de celle-ci comme l'axe sine qua none de cette idée philosophique d'être et de vouloir. Comme disait William wallace "cry freedom » au point de mettre sa vie, son sang en jeu pour sauver cette liberté qui fait partie intégrante de notre structure des tribus vikings.

La volonté et l'intention de la révolution résident dans son chef qui incarne les valeurs de la révolution pour reprendre et non prendre le pouvoir aux escrocs qui se sont fourvoyés dans la vermine au sein de notre société pour en terminer avec notre bien.

La révolution a toujours été un symbole de révolte bien avant celle de 1789, en France néanmoins. En apparence, quoi de plus "utopique" et "idéaliste" que les projets de paix perpétuelle qui naissent tout au long de cette époque moderne ?.... La révolution est souvent consacrée par cette image que la paix doit résonner dans nos sociétés modernes et occidentales alors que celle-ci se voit déroutée de son origine pour répondre à des idées de démocraties qui se voient liées à ce modèle. Alors voilà un théorème intéressant qui est d'avoir le droit de faire une révolution si elle est faite dans le cadre de créer une nouvelle démocratie symbole même de la paix. Ah ces blanches colombes de monsieur Picasso pour des horizons sauvages qui refusent à l'image d'une unité une politique unie pour vendre des intentions d'ordre républicains encrée dans la fourberie des mécréants.

La révolution est pour moi aujourd'hui le seul moyen qu'il nous reste pour sortir de cette médiocrité et sortir le malin de notre nation pour réaliser les idéaux que seule la raison peut atteindre : l'ivresse d'un jour meilleur car le chemin béant ne tournera notre société que dans un ignoble contrôle d'un pouvoir décrié par les mêmes politiques que nous avons sur les révolutions orientales appelées printemps arabe.

La nature veut pourtant empêcher l'homme et lui oppose une contrainte de résister à cette révolution qui pourtant devrait administrer une société civile qui critiquera tous points abusant d'un pouvoir venant de l'extérieur et se référant à des images faites pour endormir les enfants mais qui n'ont plus aucun impact sur le monde intellectuel et ouvrier.

Arrêtez de chercher à préserver votre confort personnel et penser a vous même. Vous devez être unis dans la force de la nation et faire tout pour cette idée d'être les peuples ensembles. Ceux qui ont contribué à cette terre et qui se battront pour cette nature encore plus belle tous les jours que nous avons su guérir et non pas exploiter comme tout corps étranger ne cherchant que ce profit. Soyez ensemble des humains qui se dressent et non des miséreux qui ne veulent que le fruit d'un pain rassis pour exprimer une gêne et qui ne donneront à leur peuple futur que l'ignoble image de l'égoïsme pur dans toute sa splendeur.

La révolution est notre seul espoir et nous devons jeter hors de nos terres ceux qui ont voulu la pourrir et revenir à l'état de grâce qui est revendiqué dans la lumière. La paix perpétuelle n'est pas la conséquence d'une rêverie de visionnaire si elle est menée par un leader qui vit pour les idées de notre nation et qui sent en son sang couler la vérité des peuples vikings, celtiques, gothiques.

II
20 mars 2013

Qu'est ce que veut dire la révolution aujourd'hui ? Et quel a été son rôle depuis Socrate à aujourd'hui, si ce n'est que le moyen de certains de prendre les rênes de l'appareil politique pour y trouver une jouissance de diriger et de se croire au dessus des autres, d'en dépasser même les mythes des dieux eux mêmes ?

La révolution c'est une envie de vouloir se retrouver et de prendre le début pour ne pas convenir d'une fin et de détourner le bien et le mal dans un sens politique à la limite de la philosophie, histoire de trouver le moyen de dire ce que l'on pense ou pas. Les fronts révolutionnaires ont été faits pour se battre l'un contre l'autre et donner le pouvoir à des minables insectes tels que Staline, Hitler, Napoléon et les autres.

Avez-vous cru une seule minute que ces personnes ont écrit ce qu'elles ont écrit, qu'elles ont fait ce qu'elles ont fait ? Soyez sérieux deux secondes et réfléchissez... Quand vous voulez créer une entreprise, de combien de personnes avez vous besoin pour faire le produit, le créer, l'envoyer, l'emballer et sans oublier la communication, la comptabilité, le juridique, la douane, les coûts de l'exportation... Bref vous voyez bien que ces êtres n'ont été que des pantins à la solde d'un pouvoir bien plus pernicieux.

Oui mais alors qui ? Ont-ils changé ? Voilà pourquoi une révolution nous permettrait enfin de détruire ces groupes immondes qui sont la bassesse même du monde et qui représente la médiocrité et la haine et dont le sport quotidien est de voler et dérober tout ce qui vous appartient.

Réveillez-vous et prenez les armes !! Arrêtez de penser à votre petit confort d'ouvrier bourgeois qui ne comprend rien et qui ne veut pas bouger son cul.

La révolution doit être ! Et nous devons tous nous mettre sous la bannière du TIC et se positionner.

La révolution du TIC est une révolution globale créée de vous tous. Je vous engage a créer des comités au sein de vos rues, de vos entreprises, d'emprisonner vos patrons et vos syndicats qui ne valent pas mieux que ce patronat ; je ne parle pas des voix qui s'élèvent mais de ceux qui ont pris le pouvoir de ces unions et qui protègent leur place. La révolution se bat dans un même sens et voit apparaitre la couleur du monde et la vision de surprendre grâce à ce genre de propagande qui doit détruire ce non dit. Il faut une révolution complète où tout le monde doit justifier de ce qu'ils gagnent et de ce qu'ils payent comme impôts. Il faut la prison à tout politicien qui a menti et qui est présenté comme coupable devant le peuple et sa justice. Car oui, la justice est au peuple et nul président ou ministre n'a plus de droit. La révolution, c'est donner l'accès aux parlements, au jardin de l'Elysée. Et que ce soit clair ! Aucune personne en Europe n'a le droit de vivre sur les dividendes de la nation.

Aujourd'hui, les hommes souffrent et continuent à croire aux rêves des cadeaux de Noël qui n'existent pas. Aucun de ces gouvernements n'est capable comme moi de vous apporter la paix et la richesse car j'irai jusqu'au bout de l'engagement. Et je me battrai avec les américains, je créerai des ponts avec la Chine, je développerai nos entreprises et je condamnerai tout ce qui n'est pas de chez nous par des sanctions exemplaires. Les lettres de lamentations ne changeront rien. Il nous faut cette révolution.

Alors prenez le drapeau du TIC, portez haut et fort les valeurs qui sont pour les politiciens des gags et faites leur cracher ce qu'ils sont. Mais on s'en fout des lois sur le mariage gay. Ce que l'on veut c'est du travail !! Alors quoi. Avec ton petit costume tout repassé de ce matin, tu vas faire quoi à part me promettre la lune ?

Il faut de l'ordre. Seule une armée peut vaincre ses ennemis. Il faut marcher au pas. Etes-vous préparés à vous faire "baiser" par les étrangers et à ce que les gouvernements vous sucent tout ce que vous avez ??

Redressez-vous et battez-vous ! Regardez devant et dites non. Créons ensemble cette grande révolution et jetons en prison ces imposteurs pour voir comment ils s'en sortent à manger de la merde.

Je ne suis pas vulgaire mais réaliste. Vous voulez quoi ? Un homme qui vous parle avec ses tripes et qui est fier d'arborer son kilt en signe de liberté et de protestation ?? Ou un homme sans foi qui vous fait des sermons comme un religieux qui ne comprend rien de plus et ne voit pas où est l'espoir d'être une nation de guerriers qui se battra coûte que coûte pour sa terre.

Vive la révolution et le droit de vivre libre dans cette grande nation. Celle de Vercingétorix où la liberté c'est le droit d'être un viking, celte, gothique et de battre contre la crise qui menace notre monde et va faire courir la perte si on ne se bat tous ensembles pour redéfinir les règles.

Soyons fiers de notre patrie. Soyons fiers de ceux qui sont mort pour nous et délivrons notre nation de ces imposteurs et de tout étranger qui servira un autre que nous même. Ne soyez pas lâches et faites preuve d'audace. Une constitution n'est pas la clé d'une paix perpétuelle. Il faut soutenir la fraternité pour que l'idée de notre peuple qui se base sur ses devoirs unisse enfin les hommes d'une seule main vers un seul but.

Qu'est que la raison peut être à part celle des philosophes dans leurs fauteuils qui pensent pour vous et vous donnent les choix de savoir ce qu'il faut faire ? Il faut organiser de toute façon un état d'ordre et non un état juridique qui se bat sur des lois non applicables, histoire de laisser à ceux qui dirigent l'économie de pouvoir faire leurs trafics scandaleux.

Luttons pour l'ordre.
L'ordre de l'Europe des régions.

L'envie du commencement
de mon activité politique

I
21 mars 2013

J'étais en prison et je me demandais les pourquoi de cette incarcération, vu que plus de 143 personnes avaient été arrêtées par ce gouvernement démocratique américain alors que de fait j'étais coupable avant même d'être accusé.

Je pensais et pour la première fois de ma vie, cette même vie prenait enfin un sens. Oui je n'étais plus l'esclave d'un monde dans lequel je souffrais et j'avais enfin un but. Celui de me battre pour être. Quand tout d'un coup une voix se posa sur moi et me donna une sorte de force qui fera de moi cet être invincible, prêt à en découdre avec l'impossible : le gouvernement américain.

La phrase de tous les prisonniers était toujours la même « le BOP (bureau of prison), quand ils te me mettent la main dessus, tu ne peux plus en sortir ». Il est vrai que toute personne qui rentrait en prison se retrouvait avec des condamnations qui ne faisaient pas moins de 10 ans fermes. Pourtant, je sentais en moi une terrible envie de me battre.

Je me rappelle de ce jour où ma tête s'est posée sur la vitre fraiche du bus qui devait m'accompagner d'une prison à une autre, encadré par 8 policiers armés comme si nous étions en Irak. Avec des menottes aux mains aux pieds et une chaine qui m'entourait la taille pour se rattacher aux menottes du bas et du haut et refermée pas un cadenas que je devais soupeser de mes mains qui étaient ensanglantées… Oui, ils avaient peur que des bandes armées de l'étranger viennent me délivrer !

Je ne sais pourquoi, mais je riais de savoir comment cette image était née dans le cerveau de dépressifs et donc de procureurs en mal d'être au point de dire à tous : « tu l'as googlé ? » tu as vu, il est partout, c'est une « big star »... Eh oui, mon visage était dans tous les génériques des infos, ce qui faisait de moi un homme dangereux à abattre.

Alors je me suis joué de ce personnage et j'ai commencé à me rappeler de tous mes ancêtres qui avaient été en prison à cause de rivalités entre eux. Ce qui avait causé la perte de notre famille de nombreuses fois lors de ces années que j'avais connues à travers les livres. En étudiant je comprenais de plus en plus les pourquoi de cette incarcération.

J'avais toujours évité les sujets qui fâchent tel que la politique, le pétrole et les économies parallèles pour rentrer dans l'univers de l'art et de la création et vivre d'une projection artistique entre mode et peinture. Alors pourquoi je me retrouvais en prison ? Pourquoi ces gouvernements avaient peur de moi ? Pourquoi cette envie de me mettre en prison aux Etats-Unis ? N'avoir aucune chance de sortir vivant vu le nombre de prisonniers morts tous les jours. Surtout ceux qui ne faisaient pas partie de gangs ou de sociétés illégales qui s'auto protègent dans ce lieu d'incarcération qui fait partie de leur univers.

Toutes ces pensées se mettaient en place dans ma tête et je commençais à me réveiller ; oui, toute ma vie j'avais voulu mourir en testant toutes les possibilités de suicide ou de provocations. Et pour la première fois je voulais vivre. Vivre pour un vrai but, me battre et gagner. Une force démente s'empara de moi et je me sentis indestructible, prêt à me battre enfin pour cette idée politique qui était en moi depuis tout petit. Au point que je me rappelais de ce moment où, à l'âge de 9 ou 10 ans, je me scarifiais pour inscrire un symbole viking soi disant interdit depuis la guerre et qui pour moi représentait plus que l'impossible, l'interdit. Mais qui avait pu bien interdire cette idiotie et pourquoi ? Est-ce que l'humain n'est pas capable de faire la part des choses ? Est ce que la démocratie peut se permettre d'interdire sans se justifier ?

Voilà, je rentrais en politique et maintenant c'était dit. J'allais me battre pour devenir ce que je pense. Mes ancêtres auraient été fiers de moi, cet homme qui refuse et accepte ce qui doit être pour convenir d'un destin et d'une possible image futuriste d'un lendemain qui promet un jour meilleur. Car on se bat et on ne laisse jamais des détracteurs venir se battre à ses cotés. J'analysais la politique de l'Europe et je mettais en place un jeu pour voir si j'étais capable de dominer les prisonniers sur un sujet qu'ils ne connaissaient pas.

En sachant qu'ils plaçaient la France en dessous du Mexique ou à côté de l'Iran, c'est à dire pour eux en Australie. Oui, la géographie n'est pas le fort des américains et encore moins des personnes en prison. Donc les meilleurs cobayes pour moi. Car si j'étais arrivé à les dominer et que mon discours les touchait pour se battre pour mes opinions, alors j'arriverai à prendre le contrôle d'un système politique basé sur l'ordre et sur les projections d'une grande nation. Je m'étais penché sur le rôle de l'Europe et j'avais compris que l'Europe était le seul continent qui était né de ses traditions. Rôle totalement diffèrent et en l'occurrence a l'opposé des systèmes géopolitiques que pouvaient être l'Amérique du nord ou du sud, l'Asie ou l'Afrique. Oui l'Europe en 1905 avait vu apparaitre des manifestations de soutien aux nations créées de toute pièce contre le système de l'Europe des régions. Ces volontés avaient été supportées après la guerre de 14/18 et s'étaient exprimées par le traité de Versailles de 1919 et s'étaient empressées par la même de créer la société des nations. Oui alors mon combat serait contre cette imposture et pour le rétablissement d'une Europe des régions qui représentaient l'avenir de l'Europe.

Je comprenais de plus en plus mon rôle dans ces prisons et devant ces juges et le grand jury en m'amusant et en prenant le pli de pouvoir utiliser toutes les possibilités pour sortir de cet enfer alors que les condamnations m'avaient jeté en prison pour des dizaines d'années fermes. J'étais dans un comas dû à ma maladie génétique qui touchait mon cerveau : l'épilepsie pharmaco-résistante sur cavernomatose familiale: ADN de notre famille. Oui, si j'arrivais à sortir de cette conspiration alors effectivement, je donnerais ma vie aux peuples vikings, celtiques, gothiques pour rassembler au prix du sang l'Europe de mes aïeuls.

Il fallait que je crée un nouveau parti qui applique la formation politique des cercles européens qui ne se retrouvaient plus dans les partis dits traditionnels qui avaient tellement épuisé les ressources qu'ils n'avaient plus aucune crédibilité.

II
24 mars 2013

J'ai vraiment décidé de me lancer dans la politique quand j'ai vu que les politiques étaient des personnes médiocres. Je pensais au contraire que la politique avait non seulement besoin de grands hommes ou de grandes femmes mais aussi de personnes exceptionnelles qui avaient compris que la politique était un sacerdoce et qu'ils n'avaient rien à y gagner, non. Ni argent, ni merci, mais une satisfaction personnelle de se dire « je l'ai fait ». Ceci était pour moi le plus important et nécessaire dans ma vie de tous les jours. J'ai eu un mal fou à comprendre le passé de ma famille et le passé de notre Histoire vu que tous les livres officiels d'histoire et de politique sont faux et ont été écrits par des imposteurs à la solde des grands groupes financiers que j'aimerais aujourd'hui détruire. Non pas pour survivre mais pour vivre.

Le pouvoir n'a qu'un mot : "l'ordre". Ce que je veux faire de mon engagement politique c'est me battre pour trouver des solutions qui sont devant nous et dont les politiciens n'ont aucune idée, car ils ne sont que des marionnettes incapables d'écrire leurs propres textes. Bien entendu, je ne parle pas de travailler en équipe. Mais si le leader na pas de convictions personnelles ni de dénouement de situation alors il n'y pas de possibilités.

Tous les programmes sont faux. Je ne vois pas la politique en 60 points mais en trois points.

Et si on arrive à mettre les trois points en route, alors c'est la fin de la crise. Je ne vais pas vous parler de tel ou tel politicien car parler de cette médiocrité c'est déjà une perte de temps. Non, je vais vous expliquer mon envie de me battre sur les problèmes économiques qui n'en sont pas et je vais peut être vous surprendre. Mais posez-vous plutôt les questions : pourquoi la chute de l'Europe ? A qui cela sert-il ? Quand vous aurez les réponses alors vous aurez une vue d'ensemble sur le business mondial et les pourquoi de cette problématique.

La démocratie américaine est le symbole de la démocratie mondiale. Que fait-elle quand un politique fait une erreur ? Il va en prison. Que fait-elle quand un trader vole de l'argent ? Il va en prison.

Et oui, la même loi pour tous. Voler une mobylette ou créer un fond spéculatif, gonfler les chiffres d'affaire pour revendre au plus haut et développer au sein des entreprises des délits d'initiés… Voila le schéma que les politiciens vous offre.

Il n'y a plus de droite ou de gauche, si il y en a eu... Tout cela, c'est encore un mensonge fait pour que vous tombiez dans le panneau et que vous croyiez à ces actions dans les télévisions qui servent leurs intérêts. Révoltez-vous et prenez en otage toutes ces personnes qui sont des traitres à la nation comme vos ancêtres l'ont fait à la révolution française. Faites confiance aux traditions et battez-vous pour continuer à manger le jambon de pays et le foie gras de canard faits mains. Ne croyez pas que je ne connaisse pas les raisons sociales liées aux activités économiques. Mais ce n'est pas en faisant l'autruche que l'on va changer et regarder la vie ensemble. Mon horizon s'est élargi et continue pour prendre avec vous le devant de la scène et demander des comptes au président et aux parlementaires.

Je vais venir avec des solutions et j'ai les équipes prêtes à en découdre. J'ai besoin de vous tous. Nous n'arriverons pas à changer ni à redevenir cette grande Europe sans le soutien de chaque pierre. Redressez-vous et battez-vous avec moi. Venez soutenir notre action pour en finir avec l'esclavagisme financier. Vous, peuple

133

européen, vous manquez de clarté dans la conception et l'appréciation de la vie économique et de ses principes. Qu'est-ce que le capital sinon le fruit du travail produit. Revenons à la vérité. Il faut protéger l'activité humaine et donner l'importance à la puissance d'un état dont tout le monde doit amener son bien pour faire gagner cette notion des résultats. Je veux vivre au service de la nation et interdire toute action étrangère de devenir propriétaire de nos biens et faire trembler ces mêmes étrangers par la force et l'ordre. Plus nous prônerons l'ordre et plus nous serons respectés par tous ces groupes qui hier voulaient nous voler et demain voudront notre protection comme ils l'ont fait avec les américains. A la différence que nous sommes les voisins de ces peuples qui ont besoin de nous car même leur manière de créer de la finance ne rentre pas dans leurs convictions ou leurs lois, ce qui pose des problèmes de fonds énormes sans aucune possibilité de retour. Nous devons représenter la liberté, la force militaire et l'ordre de la nation.

III
4 avril 2013

Je devrais parler du rôle de l'état dans le capital. Mais dans ce cas, je reviendrais sur tout ce qui a déjà été dit par des pseudo intellectuels du début du 20ème siècle.

Comment pourrais-je décrire ce dévouement politique qui, au fond, était depuis toujours comme un feu ardent au plus profond de moi, et que je redessinais au grès de ma vie à travers la créativité et l'étude des théologies. La peur de mes grands-parents, je suppose, de voir cette force en moi leur donnait froid dans le dos car est il vrai que l'Europe devait se relever de ses cendres par ce chevalier qui croirait dans les valeurs passées pour donner au présent un futur toujours plus fort. Je me détournais de ce chemin politique car j'avais peur de moi-même et mes actions avec la question qui résonnait dans ma tête d'enfant écorché vif : serait-ce la bonne décision pour tout un peuple ? Comment puis-je avoir la responsabilité d'un peuple dans mes mains ? D'où la deuxième

134

question qui me brulait les lèvres : comment un incapable souvent même abruti pouvait arriver d'un poste d'une simple mairie à Président de la République, alors qu'il n'était même pas capable de régler ses problèmes personnels de couples... Et encore moins la vision à court ou moyen terme de la dette qu'il venait d'édifier dans cette petite ville qui n'avait rien demandé à personne, à part de pouvoir vivre et comprendre le monde de demain. Alors tout d'un coup je me demandais pourquoi je leur faisais si peur, à ces marchands du temple, ces politiques et industriels. N'était-ce pas encore et encore la même histoire ? Et le retour à des préjugés qui faisaient de moi le leader d'un peuple en déroute ? Et si ils avaient tous peur de moi, n'était-ce pas parce que j'étais capable de les virer et de montrer qu'ils n'étaient pas indispensables, voire même qu'ils bloquaient le rythme d'une civilisation ? Je ne vous prendrai pas des exemples concrets pour l'instant mais il est vrai que de toute façon, j'étais entièrement d'accord avec les systèmes judiciaires américains sur les anti trust.

De quel droit une personne pourrait s'autoriser à prendre un marché, surtout quand celui-ci avait été aidé par des ailes d'un pouvoir. J'étais donc décidé à faire main basse sur tout et je voulais que les peuples voient et se rendent finalement compte de cette abominable conspiration. Imaginons, si vous avez un milliard, pourquoi avoir plus ? N'en avez-vous pas avez assez ? Et bien non, pour ces messieurs qui préfèreraient ruiner des pays que de perdre un jeu où, à la fin, ce sont eux les perdants car ils sont le plus souvent tellement isolés qu'ils finissent entre 4 planches qui ne reflètent souvent même pas leur richesse. Je l'ai souvent souvent vu, à cause de leurs femmes et de leurs amants respectifs qui sont d'ailleurs la plupart du temps les soi disant meilleurs amis.

Bref pour reprendre une expression à la mode, me voilà dans le moment où je dois prendre tout cela au sérieux. Oui, mais comment commencer ? Et par quoi ? Et le pire de tout, avec qui ?
La gauche et la droite n'existent pas. Tout ceci est un ramassis de conneries fait pour les analphabètes de moins de 6 ans. Ca revient à croire en des valeurs passées qui se battaient pour le pouvoir et non pour des convictions comme ont pu le faire Robespierre ou Che Guevara.

Alors je flânais dans l'Europe, puis le monde, pour comprendre quels étaient les enjeux de ces politiques qui se disaient si différentes les unes des autres. Puis la vérité m'apparut... Et si tout le monde politique courrait après un pouvoir comme une projection qui n'existait pas ??

Mais oui en fait, aucun d'entre eux n'avait la plus minime conviction de faire son sacerdoce dans cette profession de foi qu'était d'être un homme politique. Bien entendu, quand je dis « homme » je parle au sens de l'humain. Dans ce cas ci-dessus les deux femmes et hommes sont bel et bien pris en compte.

On est bien loin de la cause et de ces personnes qui vont mourir pour cette image qui rayonne comme un soleil sans voix. Mais voilà, j'étais dans l'absolue vérité. Tout le monde se foutait de la politique.

Les politiques n'en avaient rien à foutre de vous, de la terre et de l'existentialisme kantien.

Oui, j'étais devant une métaphore du monde et j'allais la changer. Mais pour changer, il faut réécrire la vérité. Or, tous les lexiques d'écoles ont été pollués par des mensonges ou très souvent on a même exagéré pour prendre le parti de telle et telle solution. Mais voilà, c'était décidé. A partir de maintenant tous les signes, images ou autres symboles et symboliques des peuples viking, celtiques, gothiques seraient ma cause personnelle. Et oui, j'affirmerai que je n'aime pas les imposteurs qui ont pour moi les noms de De Gaulle, Churchill, Staline et Roosevelt qui ont recréé l'abominable. C'est à dire le Traité de Versailles de 1919. Et je ferai tout pour retrouver cette Europe que j'aime et que je protège. Je rétablirais l'ordre. Non pas par la force mais par l'ordre et par les principes des traditions. Je ferai de ma vie le flambeau de mon identité et je parcourrai mon monde pour prêcher notre culture. J'étais pour ainsi dire halluciné et de plus en plus conscient du manque de culture et de cet emprisonnement dont nous avons été les esclaves en voyant les personnes me demander si j'étais écossais, car je portais le kilt, symbole de tous les peuples viking, celtiques, gothiques. C'est à dire 17 400 tribus. Mais le pire c'est que ces mêmes personnes ne voyaient pas leur inculture de ne pas savoir que l'Ecosse avait compté deux grandes tribus : les Picts et les Scots.

Oui, en me penchant sur ma vision politique, je comprenais l'anéantissement de notre culture par une globalisation maoïste, histoire de penser pareil. Oui mais qui voulait cela, sinon les religions qui ne vivent que dans l'imposture et la médiocrité des peuples et font croire à certains élus qu'ils seront les nouveaux rois ou mages à travers des titres retentissant de mépris et d'opportunisme.

Je ne pouvais plus accepter les discours abjects de certains politiques tel que Hollande qui n'avaient vécu qu'entre Robuchon et Lipp. Ou encore mieux les Mélenchon arrivistes et fiers de l'être. Mais qui n'avaient pour simple raisonnement que de vous faire croire ce que vous voulez entendre. Et comme aurait dit Coluche : « quand on pense qu'il suffirait que vous n'achetiez plus pour que ca ne vende plus : quand même vous exagérez un petit peu, non !!? »

Un peu d'humour pour faire passer la pilule diront mes détracteurs. Je n'ai pas besoin de personnes menaçantes pour répondre de qui je suis et de ce que je peux faire et de ce que je ferai de toute façon car ma vie n'a qu'un seul mot d'ordre aujourd'hui : mon peuple ou la mort.

Qu'était cette réalité qui nous emmenait le monde sinon dans les abimes du néant ?

J'étais tout d'un coup choqué par le racisme de tous ses peuples dans toutes ses contrées lointaines. Amusant de voir que le chinois de Singapour me traitait de sale américain en me jetant à la gueule mon sac de provision. Et quelle vision de cette soi disant Afrique du sud encore plus raciste que les partis de l'apartheid mais tellement normal quand l'humain est sale. Oui, sale et désobligeant et comme les animaux, a le concept du territoire qu'il a conquis.

Toutes les grandes causes comme les grands projets n'ont qu'un seul but celui de nuire au déroulement des organes du monde. Oui, l'écologie. Ce mot qui était apparu come une trainée de poudre pour que les politiques aient enfin quelque chose à dire sur les plateaux de télévisions. Car je vous le dis, je n'ai aucunement envie de serrer la main à ces imposteurs. Je préfèrerais leur couper plutôt qu'autre chose. Et je pense que ses nains l'ont bien compris. Donc l'écologie où les rapports pleuvaient de part et d'autre.

Oui mais qui fait quoi et comment ? Et de l'écologie, c'est bien ! Mais pour créer de l'emploi donc où, comment et quand ?? Oh lalala ! Mais j'en demandais trop à des politiques incapables de créer quoique ce soit... Mais moi, j'en avais rien à faire de leurs réponses car j'avais déjà trouvé des moyens pour développer le business de l'écologie. Je me rappelle un jour où l'administration m'avait envoyé un espion caché derrière une belle panoplie de titres redondants, qui parlait du repêchage d'une raffinerie. Ce rapport pitoyable où avait été décidé de la fermer alors qu'ils continuaient a faire des promesses aux syndicats trop cons pour faire croire à leurs militants qu'ils n'avaient pas payé une cotisation pour rien. Sans un instant trouver le moyen de développer la raffinerie et non pas sauver des emplois mais en créer.

Le peuple et la tradition

I
13 avril 2013

Pour moi, le peuple et la tradition avaient les résonnances d'un pouvoir d'une vérité et même peut-être ce que j'appellerais LA vérité. Dans tous les cas, la mienne. Et c'est ce que je pensais car j'avais envie de croire et de donner une espérance à ce monde qui avait perdu les principes d'être et de vivre. Tout ce que je voyais, c'était des êtres tels des zombies d'un film B qui se répétaient sans cesse que cette vie était meilleure que l'autre. Alors j'avais envie de crier et de bouger toutes ces vagues pour faire un monde meilleur. Un monde dans lequel je pourrais voir mon espoir d'être mon miroir et non la puanteur nauséabonde de ces peuples d'étrangers venus envahir ma terre et même la brûler.

Le devoir d'un état, d'une grande nation comme la notre, est d'avoir un respect pour notre capital qui doit être relativement clair et simple. Nous devons rester maîtres de notre nation et ne pas plier devant les services de l'ennemi qui peut avoir n'importe quel visage. Vous avez oublié, après le lavage de cerveau que l'on vous a fait, que cette tradition est le symbole de l'union de notre grande nation et de nos peuples. Car oui, il existe en nous une lumière qui depuis l'aube des temps est protégée par Merlin, qui lui-même trouve son pouvoir dans le souffle du dragon.

Aujourd'hui, réveillez-vous et brandissez vos origines viking, celtiques, gothiques au lieu de ces vêtements de pacotilles qui sont fait dans des pays étrangers sous des marques et des noms qui vous placent des dans des cases pour vous dominer. Personne ne connait la vérité de la deuxième guerre mondiale. Et ceux qui la connaissent la taisent car ils en ont peur. Oui, peur de cette vérité qui fait mal.

Comme je vous l'ai dit, une personne ne peut déplacer les montagnes si les autres ne l'aident pas. Et oui, la triste vérité c'est que tout le monde a cru en un chemin qui portait parfois les couleurs d'un camp et parfois celles de l'autre. Mais à la fin, c'était toujours la même chose et le même sonnet : retrouver une terre qui s'était inventé un passé, un présent, voire même un futur. Mais l'odieux était encore pire que tout ça. On allait faire des livres qui allaient inventer des histoires pour vous faire croire qu'un monde avait existé, dans le seul but de vous dominer. Certains même, allaient s'imaginer reprendre un pouvoir ou se réinstaller alors qu'on leur avait déjà coupé la tête. La tradition est la fierté de notre continent, car notre peuple est né de celle-ci et continuera à vivre jusqu'à ce que le sang continue de couler dans les veines de notre famille.

Il faut soutenir une économie et le droit de ce sang qui coule en redonnant à chacun le pouvoir de décider d'aller jusqu'au bout. Car oui, la solution est là devant nous pour aller plus loin. Relevons-nous ! N'ayons pas peur de brandir nos bannières, de porter nos couleurs. Soyons fiers. Nous défierons l'impossible et nous jetterons à la mer les ennemis de notre civilisation.

II
13 avril 2013

Avant que les journalistes ou autres personnes n'essayent de me corrompre, je vais essayer de répondre à toutes les questions qui pourraient être épineuses. Oui, quand je parle du peuple, est-ce dans des propos populistes ? Ou simplement dans le sens du rassemblement ? Et bien ni l'un ni l'autre. Quand je parle du peuple, je devrais plutôt dire LES peuples. Car, comme je l'ai expliqué, nous sommes non pas divisés, contrairement à ce que certains pourraient croire, mais au contraire multipliés en créant des tribus en fonction des régions et des familles. En effet, nos peuples vivent à travers notre tradition et celle- ci est bel et bien vivante en chacun de nous. On ne peut abandonner nos terres. Elles nous rappellent à chaque fois que quand on est à l'étranger, nos traditions nous manquent.

J'étais capable dorénavant de distinguer le fondamentalisme de toutes les causes internationalistes qui avaient provoqué l'effondrement de la Russie et tourné la Chine en ultralibérale.

Ce que j'avais remarqué depuis peu, c'était que nos peuples avaient complètement ou presque oublié nos traditions et notre culture à force des livres écrits par nos ennemis pour, après la 2ème guerre mondiale, oublier tout ce qui a été fait par les uns et par les autres. Oui car il y a beaucoup plus de coupables qu'on ne le pense. Et il est tellement plus facile de juger ceux qui sont morts et ne peuvent se défendre ! Ceci d'ailleurs n'a pas été une preuve de démocratie. On a vu un acharnement sur notre culture au point de nous interdire notre folklore et nos langues maternelles.
Il faudrait plutôt aujourd'hui incomber les taches à chaque partie qui souhaite relever le défi de donner à ses enfants la culture des ces aïeuls.

C'est en réfléchissant encore et encore que je m'apercevais des escroqueries contre notre tradition. Mais pour vous, que veut dire tradition ? Ce n'est pas seulement porter un chapeau ou se couvrir d'un manteau… Mais c'est retrouver l'indispensable qui est ancré en chacun de nous et qui longe notre identité culturelle. Car c'est bien de celle-ci dont nous parlons. Cette même identité qui nous pousse à aider la tribu voisine pour lui apporter le soutien nécessaire pour accroitre ses opportunités.

En effet, les capitaux nous ont plongé dans une lutte sans fin. Celle de l'appât de l'argent. Et aujourd'hui, regardez-vous ! Vous travaillez pour quoi ? Pour prouver quoi ? Que vous ne pouvez même pas vous payer 4 semaines de congés payés ? Alors à quoi sert ce jeu où à la fin vous êtes perdants, même en respectant les règles... Le seul but des politiciens c'est de prendre un peu plus tous les jours, sur votre dos, vu qu'ils n'ont jamais travaillé ou presque. Voire même ils ont oublié. Je me rappelle de cet acteur connu à Los Angeles qui me disait comment il avait été difficile pour lui de manager son après succès, passant de 10 000 dollars a 1 million voire plus... Pour « retomber » à 10 000. Il m'expliquait comment on s'habitue au luxe et à la vie facile. Oui, mais voilà. La vie n'est pas facile et tout ce que l'on vous présente est de la pure propagande pour que vous continuiez à travailler et à acheter les produits que vous produisez pour enrichir une, cinq, dix ou même 100 personnes. Celles là mêmes qui jouent au tiercé gagnant dans les magazines tels que Forbes qui se jouent du ridicule en donnant un classement de ceux qui ont plus de milliards que les autres.

Mais moi je prendrai le classement et je ferai arrêter tous ces gens. Si je rassemblais la fortune de ces 1000 personnes, je résoudrais le problème de l'économie mondiale. Voilà, regardons notre tradition et voyons ensemble que nous ne sommes pas capitalistes ni communistes d'ailleurs. Nous sommes le peuple, ces tribus les plus vielles du monde qui nous battons pour un seul et même idéal, celui de crier notre liberté.

III
17 avril 2013

La tâche dans laquelle j'ai voulu développer mon programme n'est pas d'établir une action mais de démontrer que celle-ci est réalisable. Oui ! Il ne faut plus se préoccuper de ce que nous aurons à faire pour reprendre nos terres comme l'on fait avant nous certains paysans dans certains pays. Même si après ils ont été bafoués par des hommes encore plus menteurs que les capitalistes eux-mêmes. Notre tradition est de pousser notre peuple à décider des conditions et non de discuter au pourquoi de ces problématiques qui retiennent l'épanouissement de notre identité. Ne regardons plus en arrière et condamnons tout imposteur et personne qui aurait comme but de nous faire échouer. Nous n'avons jamais interdit qui que ce soit dans notre pays et nous avons toujours protégé les faibles… A condition que ceux ci reconnaissent que la vérité est la nôtre et seulement la notre. Sinon nous serons obligés de les renvoyer à leurs propres tribus qui voulaient, pour la plupart, les anéantir.

Notre pouvoir n'a pas les frontières de 1919 mais celles de notre empire. Nous avons conquis le monde et nous comptons bien le refaire de nouveau. Il ne fallait pas réveiller le dormeur car celui-ci développera une haine sans retour contre tous ceux qui auront pris le fruit de notre tradition. Celui qu'Odin, notre père, nous a donné pour le faire fructifier et non un commerce sans nom pour le seul principe de s'enrichir. Nous sommes contre l'enrichissement personnel. Nous pensons à notre village tel qu'il est décrit dans nos romans - du roi Arthur à Astérix. Nous pensons avant tout pour notre peuple et non pour nous-mêmes. Soyons fiers et brandissons les piques de la révolution qui a commencé et que personne ne pourra détruire par la force de nos tribus.

Ne laissons pas l'opportunisme glisser dans la vérité absolue de cette action. Nous devons agir pour enfin devenir l'étoile de notre cité pour que redorent nos pôles jusqu'à ce que le mouvement ne puisse plus être détruit par un tiers.

Notre grandeur réside dans notre justesse de mettre en place ces idées qui caractérisent notre vue bien claire et qui redonnera la valeur de l'emploi que vous avez laissé filer entre vos doigts car vous avez oublié d'être là, présents et sincères devant vos pères. Et que vous battre pour la cause qu'est la nôtre... La vôtre !! La seule et l'unique, jusqu'à ce que le ciel nous tombe sur la tête.

Je ne veux pas être le créateur d'un mouvement mais seulement une des pièces de la machine. Je souhaite que nous construisions ensemble le moteur de notre renaissance, grâce à notre spiritualité qui a créé le monde et les coutumes des autres peuples, car au contraire de nous, ils connaissent la peur que nous ne connaissons pas. C'est pour cela que nous sommes un peuple de guerriers, mais aussi de travailleurs de la terre quand il le faut. Notre pensée humaine peut concevoir ces vérités qui nous viennent depuis plus d'un millier d'années et qui ont créé notre tradition.

Mais je vais même plus loin et je n'ai pas peur de le dire ! Ceux qui pensent que nous sommes fanatiques sont des étrangers qui ne respectent même pas nos lois. Ce sont eux-mêmes qui sont venus, non pas pour vivre en liberté chez nous mais pour nous imposer leurs lois. Je vous le redis ! Il n'en est pas question !

Il est maintenant le moment pour nous, guerriers des peuples, de reprendre la lutte armée si appréciée par ces politiciens de droite ou de gauche dans les pays arabes. Et bien vous allez être contents messieurs ! Ce n'est pas un printemps que je vais vous donner mais un vrai changement sans retour en arrière. Ce sera un moyen de vous faire comprendre qui nous sommes et que jamais plus vous pourrez prendre des décisions sans nous. La vérité va éclater et je serai là pour vous mettre dans une jolie chambre, dans une jolie maison, que nous appelons prison et que vous appellerez chez vous.

La première phase du développement

I
29 avril 2013

Que dire dans ce premier tome, à part parler de ce qui s'est passé depuis 50 ans et me présenter à vous avec toute l'humilité d'un homme que l'on a trainé dans la boue par maintes occasions. Dois-je décrire le développement de notre mouvement ? Celui que j'espère. Celui qui doit puiser au profond de nos êtres. Un soulagement de nous rassembler pour sauver cette terre que nous a confiée Odin.

Les druides nous ont d'ailleurs prévenu en s'appuyant sur le puissant Merlin que cette terre nous a été confiée pour la protéger contre celui qui lui ferait du mal.

Je suis cet être sensible devant vous qui espère être rejoint par vous, millions de femmes et d'hommes, qui serez les adeptes d'une société différente.

Le vœux au plus profond de nous : être impatient pour crier notre volonté d'être un pour souffler et vibrer sous le claquement des étendards de nos ancêtres, poussant l'espérance de cette expression qui nous conduira à la victoire.

Ce que je ressens aujourd'hui, après les derniers grands rassemblements à l'appel d'un referendum, c'est que des millions d'êtres vivants en France ont, au fond d'eux mêmes, la volonté d'un changement radical pour une meilleure condition de vie. Non pas celle que veulent nous faire croire ces médiocres politiciens qui ont oublié la douleur de ce chemin tous les jours entre bus, tramway et métro. Non pas vivre mais juste survivre.

Je vois dans ces peuples de Gaulle du découragement et du dégoût. Car au fond de nous-mêmes gronde la colère de ce mal caché qu'est l'indignation. Ainsi que ce furieux désir de continuer le combat qui ne fera plus de vous des abstinents lors des élections mais, au contraire, des volontaires résistants pour un monde contre le fanatisme quel qu'il soit. Mais surtout contre ceux qui font tout pour nous tourner en ridicule juste parce que nous aimons nos menhirs et la légende du roi Arthur. Nous aimons la relation amoureuse et la nudité qui est pour nous une manière de vivre depuis l'aube des temps. Et nous devons changer et accepter les coutumes des autres ? Pour quoi faire ? Pour faire plaisir à des étrangers qui crachent sur nos traditions et qui s'insurgent contre notre fonctionnement tout en profitant de ses avantages ?

Notre mouvement est jeune parce qu'il vient d'être enregistré. Mais il ne l'est pas car nous sommes là depuis longtemps... Et quand je dis longtemps, je devrais dire depuis l'aube des temps. Certains parlent de traces vikings remontant à 17 000 ans. Et depuis peu, la NASA a prétendu prouver notre existence il y a 35 000 ans !! Oui c'est évident ! Nous sommes le plus vieux peuple du monde et nous avons créé les langues, les traditions et une culture légendaires car nous avons été les premiers à écrire et à lire.

Comment peut-on prétendre faire de nos peuples une nation rassemblée si nous n'avons pas d'ordre.

Oui, nous sommes une armée dont le feu et l'eau sont nos commandeurs. Nous devons respecter l'ordre et faire respecter cet ordre aux étrangers. Je n'ai rien contre les étrangers. Ils peuvent venir, nous les avons toujours protégés de leurs propres tribus qui voulaient très souvent les assassiner par non respect d'une loi. Mais en aucun cas ils ne peuvent posséder nos terres ou même commander voire même diriger. Les lois vikings sont strictes et il est hors de questions que je revienne dessus. Les lois ne sont pas faites pour changer mais pour devenir meilleures dans nos besoins journaliers et, comme le disait le roi : « seulement si cela m'apporte une quelconque importance. »

II
1 mai 2013

Notre organisation doit rassembler toutes les tendances non satisfaites. Heureux, nous sommes de nous être réveillés et d'avoir compris qu'il n'y a pas chez nous de droite ni de gauche. Cela fait bien longtemps que les Etats Unis l'ont compris. Et c'est pour cela que la différence chez eux n'existe pas.

Je veux être l'homme qui prend la parole dans l'ordre et que les instances policières et militaires se mettent de notre côté pour ne faire qu'un avec les agriculteurs et les ouvriers.

Je ne veux pas représenter un populisme pour le simple fait que je voudrais des voix pour battre les autres. Ce qui m'intéresse est que nous, puissance de l'Europe, nous prenions notre place dans le monde et que nous arrêtions de faire des problèmes là où il n'y en a pas. Je souhaite que nous créions de véritables plates-formes de construction pour une solution où nous serions les dominants.

Et oui, il n'y a pas de monde sans personne qui dirige et d'autres qui exécutent. Le monde sans souffrance n'existe pas. Mais je ne peux pas être le conflit facile qui existe dans le monde entier et qui vit avec moins d'un euro par semaine.

Nous ne sommes pas un peuple divisé. Nous avons des politiques qui jouent la division pour nous anéantir, nous écraser. Aujourd'hui, chaque couche de la société a un niveau intellectuel qui lui permet de réagir et de lutter contre l'ignominie et les bêtises de ces personnes qui perdent leur temps sur des plateaux télés, où nous avons l'impression qu'ils discutent ensemble comme de bons vieux copains.

Je vous le dis, notre intérêt est la nation. Et cette grande nation de vikings qui avons crée cette grande Europe du nord au sud, de l'ouest en est. Nous avons été au bout des mondes. Et en passant, nous avons dominé. Puis nous avons compris que notre terre nous rappelait et nous demandait de revenir pour la protéger, la couvrir de nos mains et de nos cœurs chauds.

J'utilise les armes de la spiritualité pour accomplir mes objectifs. Non pas parce que je suis obligé, mais parce que c'est vraiment ma manière de faire face à l'adversaire qui reçoit ma détermination comme une brutalité, accroissant son sentiment d'infériorité.

Je me pose une question. Dois-je accepter les humiliations de ces groupes dits politiques qui se vantent de diriger notre monde sans consentement de notre part et qui se cloitrent dans le silence ? Que ce soit Sarko ou Hollande... Mais les autres ne sont pas mieux ! De l'Espagne à l'Angleterre en passant par l'Allemagne.

Je suis parfois pris d'effroi de ne plus savoir comment nous allons sortir. Non pas de cette crise économique mais de cette crise politique. Car il faut le savoir, si vous voulez sortir de la crise, il faut regarder la vérité en face et remettre l'ordre. Mais pas seulement dans la rue, non. Dans les organismes d'état également et renvoyer devant la cour toutes les personnes publiques de la politique qui ont manipulé les actions pour ne pas être accusés. Je sais que les politiciens de tous les partis n'auront de cesse de vous dire du mal de moi et je ferai tout pour vous dire la vérité sur moi et sur eux bien entendu. Je vous raconterai tout.

III
1 mai 2013

Les réseaux sociaux ne sont pas seulement les moyens pour développer une véritable réaction politique. Il nous faut une action bien plus forte avec une structure que nous pouvons animer 24 heures sur 24 / 7 jours sur 7. Une web radio, nouvelle structure entre radio et télévision, où nous pourrons donner du nouveau politique et journalistique bien plus fort que les magazines dont vous avez eu les échos pendant des années.

Si nous voulons reconstruire notre force politique européenne, il faut nous donner les moyens avec ce besoin de nous battre jusqu'au bout, ne jamais tomber et continuer la lutte pour l'ordre.

Oui, celui là même qui fera de notre grande nation une force inattaquable et extrêmement bien entrainée pour ne pas tomber dans le nihilisme. Oui, je crois en l'assainissement du monde viking par nos valeurs et nos traditions, mots volés par toutes les instances politiques. Car les groupes savent que nous sommes entrain de reprendre le pouvoir dans tourtes les formes que cela envisage. Notre conservation politique va préparer la remise en question de toutes les valeurs de l'état pour retrouver le chef qui va prendre dans ses bras la dimension des peuples qui veulent redevenir la capacité de résistance envers les peuples qui nous menacent par peur de notre pouvoir. Elle restructurera la cohésion de notre détermination à ne jamais s'arrêter. Et dans l'accumulation de l'existence visible, de la volonté ardente qui montre le courage de notre identité culturelle jusque dans la mort et la jouissance du Walhalla.

Notre arme, c'est notre sang et c'est la volonté d'aller jusqu'au bout. C'est tous nos frères qui se battront pour le devenir de notre envie d'un gouvernement qui réponde aux peuples d'Europe. Je suis prêt à sacrifier ma vie pour cette terre qui m'a vu rire et pleurer, qui m'a vu jouer, grandir. Cette terre dans laquelle j'ai ouvert mes veines pour voir couler le sang d'une famille qui depuis plus de mille ans a guerroyé du nord au sud et dont les membres ont été considérés par ses ennemis comme les plus grands chevaliers des terres saintes.

Notre volonté de vivre passe par la restauration de notre politique viking et du pouvoir de nos familles pour l'ordre et le respect de celui ci. Qui depuis la chevalerie et les contes d'antan ont fasciné les masses des peuples d'Europe qui ont loué allégeance a l'empire. Notre lutte sera sans merci et nous reconquerrions nos peuples qui ont perdu la foi. Ils retrouveront le sourire avec la vérité de notre foi de la grandeur des symboles de notre enseignement ; même si les républiques la 3ème, la 4ème ou la 5ème ont voulu nous faire disparaitre en redonnant à nos ennemis le pouvoir. Notre sang coule comme nos rivières et nous sommes increvables.

Regardez, il n'y a pas de résistance, il n'y a personne. De quoi avez-vous peur ? De petits étrangers volant des téléphones portables dans le RER ?!? Alors redressez-vous et battez-les en retraite comme les polices n'ont plus le droit de faire. Recréons la police viking, celle qui a le droit de corriger, de protéger sous l'honneur, ceux-là mêmes qui ne peuvent plus, ne veulent plus, tellement ils sont accablés d'un travail détruit par des procureurs qui, je vous l'ai déjà dit, devraient être élus par le peuple à des élections libres. Ce sont des politiques comme cette ministre de la justice qui empêche la police de faire son métier... Mais rappelons-nous d'où elle vient et qui elle soutient. Pourquoi continuer cette politique de l'étranger ? Nous ne voulons pas que ces étrangers aient quelconques pouvoirs politiques. Encore moins ceux venant d'iles comme les Antilles avec lesquels nous perdons de l'argent.

IV
28 mai 2013

Notre développement se fera grâce à nos institutions et par le respect de celles-ci. Nous redonnerons une véritable armée et des devoirs à tous les citoyens pour vivre en accord avec le soutien de notre nation. L'alliance des organes administratifs se fera par des commissaires politiques qui seront là pour accompagner l'ensemble des citoyens qui devront vivre pour la grande nation et non vivre pour eux- mêmes en croyant trouver dans les mensonges de l'ultra libéralisme qui vous donne comme preuve l'existence de l'impossible.

Nous avons eu beaucoup de boulets que nous avons supporté. Aujourd'hui, il n'en est plus questions. Il faut redonner à l'Etat le symbole de nos forces chevaleresques par les solutions de nos traditions qui nous mènent à nous battre contre la trahison politique de tous ces membres qui ont trahi notre pays et notre entité. Vous devez comprendre que ces personnes qui ont trahi votre confiance et notre entité européenne sont les mêmes qui se permettent de nous donner des leçons tout en brandissant des mots et des lois. De surcroit sans votre accord... Cet idiot de Hollande n'est même pas capable de choisir entre deux femmes ni de prendre le pouvoir au parti socialiste pendant 11 ans et de savoir ce qui s'est passé dans les fonds monétaires de son propre parti. Il y a deux possibilités : ou c'est un imbécile, ou c'est un menteur. Dans les deux cas, il va dégager. Mais il n'est pas pire que Sarko ou les autres. Rappelons-nous de cet infâme Giscard...

Je veux essayer d'écrire les différents segments politiques à mener par notre mouvement pour l'Europe. L'esprit de notre doctrine passe par l'ordre et le chemin pour le respecter. Regardez ce qu'il se passe avec la circulation, par exemple. Vous ne respectez plus les feux mais la police ne respecte plus son travail qui est de servir et de protéger et non de mettre des PV à toute personne qui se gare mal. Mais par contre de protéger les citoyens et leur faire respecter l'ordre. Comment faire quand il n'y a pas de chefs ? Car ce que nos peuples veulent, c'est un chef et une discipline. Regardez tous ces étrangers qui ne respectent rien ! Ceux qui ne trouvent pas en face d'eux la même force qui leur faisait peur dans leur propre pays.

Il faut faire comprendre à nos peuples qui ne sont jamais sortis de notre Europe que ces étrangers ont de très mauvais concepts et que tout ce qu'ils veulent faire est de détruire notre société pour en faire la leur. Ce n'est pas nouveau. Ce sont des guerres qui durent entre nous depuis des centaines d'années. Le problème est que nous avons vécu dans une fausse paix en laissant ces mêmes peuples crever dans le ruisseau et qu'aujourd'hui ils arrivent avec non pas des demandes mais des ordres et que des politiciens comme Sarkozy s'exécutent. J'en veux pour preuve que ce monsieur est en train de monter un fond monétaire avec les qatari à qui il a alloué le droit de ne pas payer d'impôts en France.

Notre programme pourrait être exposé en 60 points comme les autres et faire un volume que vous ne liriez pas... Mais c'est bien plus simple que tout ça ! Il faut de fait bouger le système et que tous nous répondions à une mécanique qui se mette en marche comme un moteur de Rolls Royce et que nous allions d'un seul et même pas.

151

Partager notre idéal qui n'est ni plus ni moins de continuer à vivre sous nos traditions.

N'oublions pas que nous avons toujours été le peuple qui a respecté les traditions des autres tribus, dans la mesure où celles-ci nous respectent également. Si l'une d'elle nous attaque, alors nous devons fermer la tradition d'Odin et demander à Thor de fermer la porte avec son marteau. En d'autres termes, nous devons annuler tout droit à quiconque, comme l'ont fait les américains depuis des dizaines d'années. Le meilleur exemple est le Patriot Act, qui a conclu à une fermeture totale. Nous devons aussi tout de suite voter et ordonner.

V

12 juin 2013

Oui, de plus en plus je comprends que les deux choses qui nous manquent dans toute notre grande Europe sont : l'ordre et un chef. Oui l'homme a besoin d'ordre et je vois que l'ordre doit être installé du haut de la magistrature jusqu'au bas de l'échelle sociale. Celle-ci le respectera uniquement si elle voit un chef qui dirige et prend des décisions.

Nous devons dès à présent décider et ordonner. Il y a un je m'en foustisme en France et en Europe qui dépasse l'entendement. Mais ce n'est pas le peuple tout entier qui doit suivre le même but. Et celui-ci n'est pas d'être un petit bourgeois mais de faire partie d'un ensemble ou l'indépendantisme n'existe pas. Ceux qui ne veulent pas se battre pour la nation n'ont rien à faire dans notre société et doivent partir de cette terre. C'est pour cela même d'ailleurs que je fais un point sur le laïcisme. Et le fait que toutes les religions doivent disparaitre dans l'état et les aides que l'état pourra donner. D'autres parts, il est hors de question de construire des symboles religieux quels qu'ils soient. Nous devons interdire tout signe religieux dans notre société laïque. Il faut bannir du langage toute interprétation ou rapport à Dieu ou livre soi disant écrit par ce fameux Dieu. Je n'interdis pas que les gens puissent croire en leurs absurdités, mais uniquement chez eux. J'interdis toute propagande des religions et tout signe religieux doit être

152

condamné par des peines de prisons allant jusqu'à la fin. Je me rappelle du film « Les Visiteurs ». A un moment, le comte demande ce que notre société fait avec les voleurs. Et bien entendu il est hors de lui et sort une réplique quelque chose du style : « mais si on ne leur coupe pas la main, il recommence ». Eh oui, en effet, ce gouvernement mou du genou de Hollande périra car seul l'ordre est craint pas les menaçants. Je pense que les étrangers n'ont pas compris. Nous ne voulons pas de leur culture car nous devons protéger notre patrimoine : nos traditions. Soyons honnêtes. Une femme guerrière viking attire le regard alors qu'une pauvresse voilée donne envie de pleurer. De plus, sous leur voile, je trouve qu'elles font sales et puis elles sont sales. C'est bien connu que ces gens ne se lavent pas. Et ce sont les vikings qui ont inventé le savon. Il y a tellement à dire, à raconter, à écrire et à partager !!!

Mais le monde me scandalise et j'imagine mes cousins en pleine province française et l'incompréhension que des musulmans puissent prendre nos biens. Encore une fois, et je ne cesserai de le répéter, pourquoi ces personnes ne vont pas se battre chez elles ? La réponse est facile car là bas, c'est dur. Et oui, il n'y a pas le même laxisme. J'ai rencontré il y a peu de temps, une femme extraordinaire maghrébine comme on dit. Elle a souffert de la tyrannie de l'homme et de la religion. Aujourd'hui elle resplendit et n'a pas besoin d'avoir la moindre contrainte. C'est cette personne qui est le symbole d'un renouveau de l'Afrique. Si un jour l'Afrique s'en sort, ce sera grâce à ses femmes. Il ne faut pas faire d'exceptions. La loi est la même pour tous. Mes amis, engagez-vous à côté du TIC, car notre parti est le seul qui sera là demain. Tous les politiques ont des casseroles au cul comme on dit. Moi, tout le monde connait mon parcours et je n'ai honte de rien. Je n'ai aucune leçon à recevoir de quiconque. Alors qui que vous soyez, venez me voir et dialoguer avec moi au lieu de vous cacher via des faux noms sur internet. La vérité, c'est que seul l'homme existe. Il n'y a pas de Dieu. Il n'y a pas d'enfer. Il n'y a qu'un seul paradis et c'est celui que nous avons ici, sur terre. Nous sommes entrain de le détruire à cause de personne qui ne comprennent que le sang.

VI
13 juin 2013

Bien sûr, vous me direz que je suis extrémiste. Pourquoi ? Parce que je dis tout fort ce que tout le monde pense tout bas ?? Non, quand je suis à Barbes à Paris, je n'ai pas envie de voir Marrakech. Et non, je ne veux pas voir d'africains qui croient qu'ils possèdent un arrondissement. Ici sur cette terre viking, nous croyons aux tables de nos ancêtres et seule la nature est plus forte que tout. La nature détruira l'infâme pour sauver notre terre. Nous n'avons pas besoin de plus d'argent. Nous n'avons pas besoin de vous. Nous avons été les peuples les plus gentils de vous accueillir car nous croyons à la paix d'un monde entre l'eau et le feu. Rappelons-nous de notre enseignement. Parmi ces histoires, celle de Merlin qui nous a conduit à faire de l 'Europe une terre pour réconcilier l'Est et l'Ouest quand seuls nous régnions sur le monde et que d'autres tribus, aujourd'hui disparues car trop orgueilleuses pour croire qu'elles seraient là pour toujours, n'ont fait aucun d'effort pour se battre dans la dignité de leurs.

La situation est que notre hauteur initiale est une importance décisive car nous croyons en la terre. Cette même terre qui nous donne le fruit de cette nourriture qui nous embrase dans la splendeur que revêtit notre empire.

Notre phase de développement ne peut être faite sans vous car nous devons tous être unis devant la nation. D'ailleurs, le chef ou celui qui sera le leader devra être marié avec la nation uniquement. La politique n'est pas un jeu et je voudrais, à ma manière, montrer qu'on peut gagner comme nous l'a prouvé l'Italie avec Beppe Grillo. Ce qu'il faut c'est être ensemble, se battre cote à cote. Il y a un chantier énorme à mettre en place et nous le ferons uniquement dans l'ordre.

Je ne veux pas être négatif et parler de cet Empire qui s'est écroulé même s'il serait intéressant de savoir pourquoi et de faire le point. Comment peut-on parler de Nicolas Sarkozy qui fait partie des poubelles de l'Histoire ? Je serai amusé d'être inquiété sur mon livre que j'écris car il prône une démocratie pour dire et faire ce que

154

l'on veut du moment que cela leur serve personnellement. Pour moi, cet effet sur notre grand Empire montre la chute et l'affaiblissement actuel. Déjà la fondation de ces républiques est de toute façon scandaleuse, comme si nous étions à Las Vegas et à la manière des magiciens de dorer la pilule, utilisant un passe-passe. Où sont les victoires que tout le monde attend depuis plus 50 ans ? L'après mai 68 qui devait être tellement incroyable, tellement génial pour qu'à la fin, la récompense soit la même que d'habitude : le néant. Ceci est bien le contraire de cet immortel réalisme d'une révolution économique et politique.

Grâce à l'ordre, nous pourrons purger toute cette famille d'escrocs et malheureusement, même si certains sont des bonnes personnes, ils ne peuvent rester vu que c'est tout le groupe que l'on doit renvoyer pour repartir à zéro.

VII
12 octobre 2013

Il est extrêmes important aujourd'hui de comprendre que nous sommes les seuls survivant d'un monde en perdition. Il est inacceptable de voir tout étranger posséder une terre qui ne nous appartient pas car elle est au delà de la propriété terrestre. Elle fait partie des traditions viking, celtiques, gothiques. Je vais faire un point important car souvent je m'aperçois que l'on confond la tribu VIKA - Viking avec l'ère viking. En effet, la tribu Vika - Viking n'est ni plus ni moins que la famille élue. Celle qui possède ce pouvoir d'anoblir par récompense et de jouer le rôle politique, juridique et économique. Beaucoup de légendes et d'histoires ont été écrites sur cette tribu appelée parfois Aryen ou peuple élu voire même descendant d'Odin. L'important n'est pas dans la légende ou l'histoire mais dans le symbole que cette famille a représenté et continue de représenter aujourd'hui. Même si on la prive de ses droits, elle reste un problème pour les dirigeants politiques et économiques qui savent que seule celle-ci peut les évincer du pouvoir.

Je suis le descendant. Je suis l'incarnation du pouvoir je suis celui qui comme le volcan redonnera a nos terres le bonheur passe et chassera a jamais les intrus.

Nous devons changer complètement le visage de l'Europe et anéantir toute opposition quelle qu'elle soit pour retrouver une terre vierge et saine. Nous ne pouvons faire aucun compromis, nous peuples les plus accueillants et les plus tolérants. Nous ne pouvons plus accepter des étrangers qui ne respectent pas nos règles et vont même jusqu'à bannir notre terre pour en faire leur terre. La guerre est bien commencée et elle a démarré il y a bien longtemps. Un jour de l'année 1974, pour être précis. Elle s'est concrétisée le 11 septembre 2001 en déclarant la guerre mondiale. Seulement, si vous ne voulez pas le voir, vous périrez dans le sang et le feu que ces légions ennemies ont mis à profit en créant des routes de toute part pour engendrer le combat.

Les politiques vous mentent. Le chômage peut être réglé en moins de deux semaines, ainsi que les trous de la dette qui peuvent être remboursés dans les mêmes délais. Les impôts peuvent être retenus directement à la source, basés sur une imposition personnelle à 21 pourcent et à 8 pourcent sur les sociétés. Ces sociétés n'auront aucun mal par conséquent à employer dans nos terres et non à l'étranger.

J'ai besoin des forces militaires, policières et je veux leur donner un rôle qui leur est cher : celui de protéger et servir les tribus de notre peuple. Il est totalement impensable d'annuler une partie de l'armée. Il faut saisir tous les biens des étrangers qui n'auront pas de déclarations légales et s'en servir pour construire des prisons ainsi que des centres de détentions, comme je l'ai appris lors de ma visite aux Etats-Unis.

Ces années en prison m'ont permis de comprendre qui voulait me tuer et m'abattre pour que plus jamais un sang bleu du monde viking ne règne sur cette terre que protège le dragon. Mais la force, notre force, est au delà de ce qu'ils peuvent contrôler. Je suis ici pour reprendre ce qui est a nous. Je veux voir une armée fière et grande qui a l'honneur de son peuple. Je veux voir une police qui grandit et qui inspire les plus jeunes pour en faire partie, pour se dévouer à la cause. Oui, nous devons nous battre et vivre pour la cause et uniquement pour celle-ci. Je mourrais plutôt que de voir ma terre pourrie par l'ennemi.

VIII
12 octobre 2013

Pour notre ascension, j'ai besoin de chacun de vous car notre liberté en dépend. Notre peuple est riche de son nombre. Notre peuple a les valeurs des hommes et des femmes. Femme guerrière ou femme au foyer, qu'importe, car la femme doit avoir toute sa liberté car ceci est un principe depuis le 8ème siècle chez nous peuples vikings, celtique et gothiques. L'honneur du peuple se voit dans cette armée qui se bat pour ses libertés et entretient ses murs qui font de nous des peuples d'irréductibles qui jamais ne prendront quelconque religion comme guide.

La chute de notre empire est de notre faute. Nous avons cru aux messages des traitres qui se sont vendus pour de l'argent. Il faut arrêter de s'excuser et de croire au bon sentiment. Comme je vous l'ai dit, nous sommes en guerre ! Et, comme dans les années trente, nous sommes dans les mêmes difficultés économiques et politiques. Alors que devons-nous faire pour nous souvenir de notre grandeur et notre passé européen qui doit fleurir dans un empire des régions où chacun pourra continuer à vivre selon sa culture historique, ses traditions et cette identité linguistique perdue à cause de ces imposteurs qui nous ont vendus.

Réveillez-vous ! Regardez tous ces étrangers qui sont venus pour nous manger, pour nous voler, pour nous supprimer nos droits. Les traditions sont tellement oubliées que les enfants ne savent plus rien. Ils apprennent à l'école des histoires créées de toutes pièces par les diaporamas venus dans le but de nous écraser et de nous anéantir.

Je ne veux plus voir de lâche devant moi dans nos rangs. Je veux uniquement une seule et même tête qui regarde devant et qui contraint à celui qui n'est pas chez lui de partir. Nous n'avons pas d'autre choix que de tirer un trait sur le passé et de repartir à zéro.

Il est hors de questions de mêler la politique à tout ça. Tous les partis sont du même sang celui de l'imposture et du non droit.

Il faut créer une milice qui aura une autorité en accord avec l'armée et la police pour faire place à un directoire qui mettra en place les réformes nécessaires qui changeront notre pays en 2 semaines. Oui je vous demande deux semaines pour changer notre pays et retrouver courage, honneur et victoire.

On ne peut pas guérir d'une maladie si on n'enlève pas ce cancer qui nous ronge et que l'on ne prodigue pas des médicaments pour l'anéantir et repartir avec une peau neuve. Il faut opérer et couper tout ce passé qui nous tire en arrière. Internet a créé des groupes d'opinions et de personnes sans noms et sans visages qui parlent et insultent nos valeurs voire même nous trainent dans la boue en utilisant, comme toujours, les images racistes et antisémites qui les rongent tellement alors que ceux-ci veulent nous plonger dans une guerre depuis des années.

Quel enseignement tirez-vous de cet effondrement ? Vous essayez de continuer alors qu'il faut battre le fer tant qu'il est chaud et changer. Non, vous avez peur. Or la peur tue l'esprit. Oui vous avez peur de tout et de ne plus pouvoir avoir votre petit quotidien qui ne ressemble pourtant à rien. Fait de crédit et de taxes ou l'on vous promet une équité de droits et de savoirs pour en faite vous traiter comme des machines.

Vous n'avez plus besoin de preuves. Il faut se remettre à l'attaque et se lever contre les imposteurs et les chasser de chez nous pour toujours. Non pas en les bannissant mais en leur faisant peur car ils ne voient que l'intérêt. Ils ne pensent qu'au pouvoir. Nous devons tuer la vermine qui s'est entassée chez nous. Ce que vous voyez avec les rom existe depuis De Gaulle : tous les étrangers que la France a acceptés.

Les étrangers ne peuvent pas avoir les mêmes droits que nous et ils ne peuvent pas payer les mêmes impôts. Ils ne peuvent pas recevoir des aides, que ce soit le chômage ou les allocations familiales. Les étrangers n'ont aucun droit en France et nous devons nous régler sur la démocratie américaine en ce qui concerne l'immigration ainsi que les droits de ces lois.

IX
21 octobre 2013

Aujourd'hui, il ne faut pas, comme tout un chacun, nier quelle est notre cause. Oui, celle-ci même qui fait de nous des combattants pour la lumière. La détresse économique n'est qu'une excuse de la véritable cause qui reflète le fait de ne pouvoir respirer et suffoquer dans l'urgence et d'en venir à la solution qui est de reprendre mon royaume.

La pensée d'Heidegger n'est pas tout et ce n'est pas elle qui me conduira à la victoire ni même à cette décision de me battre mais bel et bien la provocation des étrangers qui ne respectent pas ma culture ni mon autorité. Il 'n'a jamais été question que vous puissiez imaginer être français ou européen car vous n'êtes que du sang impur, obligés de vous accrocher à une religion de misère pour vous identifier car rien en vous ne constitue quelque intérêt.

Si la pensée humaine peut concevoir des vérités, elle n'est pas pour autant un but clair. Pourtant déterminée à être accomplie elle peut être au contraire une insuffisance de l'état de ce même être qui, par elle-même, est une pensée corrompue.

La vérité est que nous sommes dans l'impasse et que le développement de notre mouvement se doit d'être clair et de ne pas faire d'action auprès de partenaires qui ne répondent en rien aux besoins de ce royaume. La réalisation sera faite avec ou sans moi et ce livre sera indestructible. Il représentera le guide littéraire de l'absolue conviction que nous sommes les tribus de jadis qui doivent vivre et être. Combattre le malin qui se cache derrière l'invention même de l'homme et de ses attributs : les religions et leurs prophètes. Ces prophètes qui sont nés souvent dans la luxure et la perversion, dans la tromperie et le mensonge, qui n'ont de prophète que le nom. Mais ils sont de redoutables politiciens en mal d'être aimés par leur propre mère souvent impur à nos yeux de vikings.

L'interprétation de la deuxième guerre mondiale et de la structure de ses institutions a condamné les rouages d'un ensemble huilé qui est utilisé aujourd'hui par ces mêmes nations qui l'ont révoquée.

Il n'y a pas de Dieu. Il n'y a pas de créateur mais un Big Bang que reflète l'homme dans sa folie et sa dépendance à réaliser l'impossible au prix de la vie de l'homme et de ses entrailles. L'au delà n'existe pas et il faut bien regarder la vérité en face. Ces peuples vivent dans la médiocrité de penser que puisse exister un paradis, comme les enfants peuvent imaginer un monde rempli de jouets sans écoles. Je vous le dis. L'humain est aussi bas et veule qu'un enfant de 3 ans et avec toutes ses luttes, il n'a toujours rien compris et c'est par ce fait qu'il doit mourir car il ne représente rien pour humanité. Sa vie importe peu. Il n'est rien et ne doit pas vivre car il ne le mérite en aucun cas.

Les religions et leurs fondateurs ne sont que de vils entrepreneurs qui n'ont voulu qu'assoir leur dynastie et faire des peuples des misérables sans conviction et sans noblesse. Une tribu qui aurait en fait un but : celui de mourir pour un pseudo créateur inconnu, invisible et abstrait.

Leur éthique n'existe pas. Ils ne sont que de vulgaires imposteurs. Encore une fois, je ne vois là que des mendiants capables de voler notre blé, qui coule dans nos veines de peuples guerriers. Oui, repoussons ensemble et détruisons pour toujours ces imposteurs, ces ennemis de la réalité. Privons-les de leurs droits. Obligeons-les à partir, auquel cas nous serons obligés de les pourfendre dans leurs actions et réaliser leur rêve d'aller au paradis. Comme disait mon grand-père, il ne faut jamais détruire le rêve d'un enfant.

X
2 novembre 2013

Je vous le dis, ces peules me font vomir car ils sont la représentation de la médiocrité. Quand je vois leur femme, soit elles sont belles et se comportent comme des filles de joie, soit elles sont moches et prennent le voile.

Retrouvons la pureté de nos tribus, de nos mœurs et notre morale humaine. Ma mission est de donner à notre royaume ce qu'il mérite et c'est un ras de marée que je veux sur nos terres qui ne fera pas d'exception. Nous reprendrons nos lois d'avant, ainsi que nos constitutions qui ont fait de nous le plus grand peuple du monde. Nous mettrons un terme à la politique de ces arrivistes et nous les jetterons en prison. J'appelle les polices et l'armée qui doivent former l'élément principal de notre Royaume. Redonnons à ces organes le pouvoir d'interpeller et de mettre en prison toute personne qui aura enfreint le droit contre l'état, contre notre pouvoir. Cette personne se verra désormais dénuée de ses droits par réponse à la morale qui l'a brisé en voulant détruire notre solvabilité.

Ce qui se passe en Bretagne est le résultat d'une politique médiocre depuis la fin de la deuxième guerre mondiale. Prise à partie entre les amis et les soutiens d'hommes sans pouvoir de décision qui se galvaudent dans le mensonge. La Bretagne se dresse comme le symbole même de notre fédération. Oui, notre Europe, notre France sont des états fédéraux regroupés en régions appelées landers, barronies, comtés, duchés, etc... Pour vivre en harmonie de ces cultures qui font de nous ces tribus riches de leur identité.

La vanité des hommes politiques a toujours créé le même effet sur le fonctionnement des institutions. Car celle-ci est représentée par la bêtise personnifiée. Ces politiques qui ne réalisent en aucun cas leurs projets ou leur volonté de départ car leur programme n'a aucun sens et change à chaque élection. Alors que ce livre est et sera mon accomplissement et ma volonté au delà de ma mort : redresser toute l'Europe et faire plier le monde devant nous.

Le résultat des nouveaux impôts est la preuve de l'incompétence de tous les gouvernements qui se sont succédés et le fait que l'humain accepte tout, au point de payer plus pour tous ses étrangers qui viennent nous prendre notre terre et qui n'ont aucun droit. De payer pour ces politiques qui vivent au dessus de leurs moyens. Ou encore de ne plus avoir la capacité de se mobiliser et de crier le changement radicale.

Je vais le répéter encore une fois. Il est hors de question de donner un sou à quelconque religion. Pour créer une identité religieuse, il faut interdire toute religion sur notre terre. Les églises et les cathédrales font partie de notre patrimoine culturel gothique et ne sont pas un symbole religieux. Le catholicisme par ailleurs est représenté par le Vatican qui est avant tout un état laïque. N'oublions pas que les états papaux représentent un tiers de l'Italie.

Vous voulez le changement. Mais êtes-vous prêts à vous battre ? A prendre le parti de vous ranger sous le TIC ? Il n'est plus l'heure pour des élections mais pour la prise de pouvoir. Le TIC doit restructurer l'armée et la police. Le but est de rediriger notre pays d'une main de fer, sans compassion et dans la volonté unique de donner à nos nations le souffle qui leur est dû.

Votre désir est-il aussi grand que votre volonté de vous battre à mes côtés ? Est-ce le fruit d'une véritable volonté de prendre le pouvoir pour vous ranger dans une nation sans chômage et qui vit pour sa foi ?

Votre mécontentement n'est qu'une preuve supplémentaire du découragement collectif et du désespoir de l'ensemble de la société. Mais ce qui devrait plutôt vous donner envie de lutter, c'est votre dégoût et la colère qui indigne vos sens. Nous n'écoutons à la télévision que des menteurs dirigés par des groupes qui représentent ces communautés qui ont peur de nous et de notre pouvoir car ils savent que cette fois-ci, nous ne nous cacherons plus et nous n'aurons plus peur de ces fausses rumeurs dont ils sont les premiers instigateurs.

XI
2 novembre 2013

La colère de la Bretagne est une colère de toutes nos régions. Il faut lever notre armée qui n'attend que de prendre le pouvoir pour ce désir furieux d'intervenir. L'indifférence des politiques et les fanatiques de l'extrême gauche vont de pair pour flirter avec les organisations de jeunes étrangers dont le but de déstabiliser nos régions et de nous voler nos terres. Les couches intellectuelles de la nation sont dirigées par ces groupes qui sont contre nous. Et pourtant, nous sommes les plus nombreux. Mais qui nous représente aujourd'hui ? Oui qui ? Qui parle de nos institutions ? J'ai envie de vomir quand je vois ces documentaires sur les soi disant banlieues où la police a peur d'aller... Non seulement je n'ai pas peur mais je vais créer une milice pour restructurer les banlieues et faire travailler toute personne sans emploi ou sous assurance chômage, RSA pour le profit de la communauté et non pour le profit de soi. Nous vivons pour une terre et non pour soi-même. Nous avons oublié qui nous sommes. Nous avons oublié de nous battre. Il faut prendre le pouls du monde. Nous avons reçu des informations fausses sur la dernière guerre mondiale. Bien sûr pas toutes car pour cacher la vérité il faut s'en servir et assoir une contrevérité pour faire passer des idées. D'ailleurs, a-t-on oublié les communistes staliniens pour donner autant d'impact à des extrémistes de gauche (que je ne nommerai pas car je n'ai aucune envie dans ce guide de leur faire de la publicité) ? Mais que je m'empresserai de dénoncer sur les plateaux de télévision où je serai invité au fur et à mesure. Nous contrôlerons les medias et ceux-ci mêmes qui nous contrôlent aujourd'hui. Il n'est plus possible de citer les Dassault ou Rothschild comme des grandes familles françaises. Imposteurs déguisés, convertis par l'emprise du pouvoir et de l'argent. Cela me rappelle Carlos Menem, musulman se convertissant au catholicisme pour être président d'Argentine. Par là même, on voit à quel point ils sont prêts à tout pour prendre le pouvoir, quitte à dénoncer leurs traditions. Et bien moi, non. Et je veux me battre contre ces imposteurs qui ne peuvent être que des voleurs et donc doivent être condamnés. Nous devons leur saisir leurs biens, tous leurs biens dans le monde pour escroquerie contre l'état et conspiration contre la nation au but d'enrichissement personnel et blanchiment d'argent.

La classe dirigeante n'a plus de pouvoir et n'a plus rien à faire chez nous. Elle est protégée par un tissu très fin qui est représenté par la police et l'armée. Celles-ci même que les politiques ont disséminées par peur de ces institutions et de la prise de pouvoir qui se profile. Prise de pouvoir qui doit être radicale et doit envoyer tous ces imposteurs en prison ferme pour une durée de plus de 25 ans. Condamner tous les enfants et les familles pour conspiration contre la nation, avec suppression de tous les biens dans tous les états où ils ont été planquer leur argent ou instruments monétaires. Ces principes doivent être rétroactifs. Une personne qui a volé l'état dans les années 50 doit être jugée, condamnée puis envoyée en prison sans restriction et sans pitié. La justice est là pour rendre la loi à toutes personnes qui ont commis un délit ; Que ce soit un président, un ministre ou un faux chômeur utilisateur du système social.

Je hais la lâcheté et pourtant elle est ce que nous sommes devenus. Enfin, mes amis ! Relevons nos manches et montrons notre foi. Les travailleurs n'ont pas d'autre choix que de nous suivre car ces politiques sont tout sauf des créateurs d'emplois et ne l'ont jamais été. Regardez comment les étrangers viennent chez nous pour nous envahir comme si notre terre leur appartenait !! C'est le moment de se lever est de crier haut et fort notre envie de changement et de dégoût.

Reconstituer notre force politique et militaire n'est plus une question mais un devoir express pour redonner à notre entité et notre identité une notion de peuple victorieux et dangereux qui pose les armes des supposés adversaires, qui ne se trompent plus en venant sur nos terres. Soit ils viennent pour garantir leurs biens car ils ont peur de leur propre peuple, soit parce qu'ils ont envie de combattre contre nous au point de nous détruire sans questions en envoyant des religieux militaires prêts à tout pour prendre un pouvoir qui de toute façon n'est pas le leur. D'où la médiocrité, encore une fois, de ces intervenants sans cervelle qui sont eux-mêmes des imposteurs ou des opportunistes du système. Ce qui de toute façon revient au même pour l'histoire qui est en cours.

XII
4 novembre 2013

Notre fédération doit être armée et préparée à l'attaque des envahisseurs qui sont venus dans le but de nous détruire. Je sais bien ce que certaines personnes disent. Mais dans tout temps et dans tout homme sommeille la vengeance et l'envie de détruire. Alors qu'au contraire, chez nous, vit la volonté de construire un monde fait de pierre et de feu. Quelle est notre capacité de résistante ? Elle est nulle car nous ne voulons plus souffrir. Nos politiques sont tellement loin de nous qu'ils n'ont plus conscience de la réalité et du monde qui les entoure. Et pourquoi ? Car ils sont des êtres se voulant supérieurs, dignes d'être décapités par la cour du salut public. L'ardente volonté de la conversation de notre patrimoine face à des politiques qui, dans le bon droit de la république et des ses principes, sont capables de baisser leur culotte et ne sont pas dignes de gouverner ni même d'exister. Nous devons soulever nos peuples, avec l'aide des institutions telles que la police et la gendarmerie qui sont elles-mêmes menacées, afin de refuser ce mode de vie et de faire le choix de se battre à nos cotés pour protéger leur famille.

Notre nation fédérale vivra grâce à des hommes qui s'uniront. Entente vivante pour la vie d'un drapeau qui doit être planté dans tous les peuples opposants et se baigner de leur sang pour montrer aux autres que ces terres sont les nôtres et que nous préférons mourir pour celle-ci plutôt que de les voir envahies par cet ennemi qui nous a toujours envié car trop cupide et vaniteux pour créer quoique ce soit avec ses propres richesses.

Nos peuples veulent se battre jusqu'à la victoire. Celle qui écrasera le mal et ira jusqu'à la fin, sans retour, aucun, et qui ne pourra être détourné de son chemin avant l'évacuation totale de tout être qui ne rentrera pas dans la constitution écrite et menée par ce même guideline.

Que voulons-nous ? Vivre, n'est-il pas ? Vivre pour suivre notre engagement, notre identité culturelle pour cette tradition de manger du cochon (entre autre). Non à toute culture étrangère. Oui, je vous le dis, il faut interdire toute culture étrangère et toute religion qui n'aura pas grandi au sein de notre culture. Il n'y a pas de question ou de réponse. Il n'y a pas de lois ou de discussion. C'est un non définitif que je prône bien haut et bien fort. Et je vous le dis : je suis heureux de manger du cochon et de pouvoir vivre à travers ma culture culinaire. Je veux boire et chanter, car ainsi est mon peuple. Un peuple de braves et de guerriers qui m'ont donné la terre de leurs ancêtres. Combien de fois, à travers ces centaines d'années, l'infidèle a essayé de nous coloniser ? Et combien de fois a-t-il péri ? Nous l'avons jeté au delà des mers, le laissant pour mort mais, par pitié, nous lui avons laissé les femmes et les enfants.

Nous n'aurions jamais dû, car nos ancêtres ne l'auraient pas fait. Et eux mêmes ne le feront pas. Ils sont prêts à tuer leur propre frère, leur propre fils. Alors vous imaginez… Vous n'êtes rien d'autre que des misérables vers de terre pour ces étrangers qui ne veulent ni travailler, ni rien faire à part prendre notre place et nous rire au nez.

XIII
4 novembre 2013

Notre restauration de vivre sera la grandeur de nos régions et de leur épanouissement. Il faut nous battre pour notre nation ensemble. Cette grande nation depuis l'aube des temps de Merlin l'Enchanteur au souffle du dragon. Luther nous montre le chemin pour nous battre en évoquant son fils, le roi Arthur et la quête du graal.

Notre bourgeoisie n'a pensé qu'à sa réussite et son enrichissement personnel au lieu de voir la grandeur de notre nation par manque de convictions. Aucun leader ne sait manifester pour prendre ce bâton et annoncer ce nouveau départ au son des canons d'un relais sans fin. Bourgeoisie lamentable, confinée dans sa médiocrité et son non développement car peu de résistance à l'état souverain et la volonté d'amasser pour priver l'autre de non dû.

Je n'ai plus le temps de jouer à un jeu politicard d'élections qui ne servent à rien. Il faut appeler à la grande révolte et prendre le pouvoir par l'armée de la libération qui sera menée par nous-mêmes et uniquement par nous, contre tout être qui se dressera devant notre idéologie. Nous ferons de ces nations les plus riches et les plus fortes au point que le monde se tournera sur nous en se demandant comment, en quelques semaines, un homme a pu être encouragé par toute une nation pour les délivrer de la peste.

Aucune alliance ne sera possible et nous détruirons tout ce qui aura été construit sans autorisation ou avec des complicités d'argent de faux et usages de faux. Tous ces complices et ces personnes seront alors jugés et nous leur confisquerons tout de suite tous leurs avoirs ainsi que ceux de leurs familles. 10 pourcent de cet argent sera dédié à créer de nouvelles prisons pour incarcérer avec leur propre argent, ces voleurs !!

Je ne discuterai avec aucun parti politique qui soit composé de brigands et ils auront tous à répondre devant la loi à toutes les transactions illégales de l'argent volé et utilisé. Toute personne sera incarcérée jusqu'à son jugement et devra prouver son innocence. Qu'il soit pêcheur ou ministre, sans aucune différence, même si nous allons nous attaquer d'abord à la tête, donc aux politiques et aux dirigeants économiques. De toute façon, tout homme est remplaçable et nous demanderons à leur famille de venir témoigner. Toute personne ayant commis un délit tel qu'un vol ne pourra plus déposer plainte car celle-ci ne sera plus recevable. En effet, un voleur sera incarcéré dans la minute pour conspiration contre l'état et mensonge auprès du procureur. Si il a déposé une plainte à l'encontre d'une personne qu'il a essayé de dérober ou qu'il a eu l'intention de dérober. Toute personne qui aura l'idée de faire un acte criminel sera jugé automatiquement et recevra une peine de 25 ans de prison ferme pour conspiration contre l'État et le bien d'autrui.

XIV
8 novembre 2013

La libération de notre grande nation ou de notre fédération, appelez-la comme vous le voulez, devra être l'idée même de la masse média portant haut et fort nos convictions pour libérer à jamais nos terres des imposteurs et des étrangers qui ne respectent pas l'ordre.

Nous aurons sûrement des réfractaires au fait que nous avons la liberté de penser dans une soi disant démocratie amadouée par un populisme social qui n'aura créé qu'une dégradation de l'état en lui même pour un chauvinisme à toute épreuve.

Que dire de ces pseudo journalistes qui n'ont que la carte de presse et se pourvoient dans le luxe pour oser parler de liberté et de vision sociale ? La gauche a toujours été une idée de petits bourgeois en mal d'être et de trouver une affirmation contre le père - ou un certain paternalisme devrais-je dire - car certains pourraient prendre à la lettre mes dires.

Notre démocratie, si il y en a une, commence par la transparence des comptes mais aussi par une armée soudée et unie et le respect que l'on lui doit. En effet, on devient militaire par conviction de se battre et de mourir sur ce mur qui est le rempart de la liberté et de défendre coûte que coûte le concept même de la société moderne qui refuse tout fanatisme religieux ou politique.

Aujourd'hui comme hier, n'y a-t-il pas un judas en chacun de nous ? Que ce soit Cahuzac ou Sarkozy, ne sont-ils pas tous des imposteurs prêts à vous tondre pour 10 sous ?

Les cerveaux ne suffisent pas et les poings seront nécessaires pour écraser les mécréants comme l'ont fait jadis d'autres politiques. Il faut marcher sur ces assemblées d'hommes et de femmes qui se sentent intouchables et les juger comme ils ont eux-mêmes jugé le monde et tout ce qui va autour. Je suis là pour prendre le pouvoir et non le demander pour contrarier ces médiocres qui nous gouvernent et qui laissent aller à leur gré les sociétés offshores. Je suis pour le développement de la nation. Uniquement l'intérêt de notre fédération est important et vous devez vivre pour cette liberté qui coule dans nos veines et non pour votre intérêt personnel.

Vous devez oublier l'intérêt et ne penser qu'à la nation et ce que vous pouvez faire pour elle. Garde à vous et chantez au son du canon pour cet étendard viking qui, par le souffle du dragon, a protégé, lutté contre les ennemis des plaines de nos ancêtres à aujourd'hui. Il n'est plus temps de récolter mais d'abolir les privilèges et d'anéantir à tout jamais le système qui nous dirige. Je suis capable de vivre pour mes terres uniquement et je suis prêt à n'importe quel sacrifice. On ne peut donner aux intellectuels la charge de la nation ni celle de l'armée et de sa défense. De toute façon, il ne faut pas se défendre mais attaquer ! Oui attaquer les ennemis. Il viendra un jour où le fils du dragon prendra les armes et terrassera les ennemis jusqu'à la fin comme il y a mille ans. Je ne vous dis pas que je ne veux pas voir de femme voilée, non. Nous sommes bien au delà de ces contestations. Je ne veux plus voir aucun étranger chez moi pour l'instant. Le temps que nos terres retrouvent leur fertilité et, si il y a lieu, d'en recevoir certains. Alors ce sera sous nos conditions. Toute personne qui violera nos lois sera mise à mort pour montrer notre détermination de ne plus jamais retourner en arrière.

Aujourd'hui, je ne fête pas les 100 ans d'une guerre mais le souvenir de ces imposteurs qui ont voulu que nous nous détruisions, nous peuples vikings celtiques gothiques, pour se débarrasser de nous et ceci dans le seul but d'éliminer nos races et nos tribus. Mais ce n'st pas possible car nous sommes le peuple élu. Celui qui a été montré dans l'illumination qui a engendré le début et la fin de toute chose.

Si nous devons regagner notre liberté à l'intérieur de nos terres, il faut la gagner. Mais également à l'extérieur pour montrer à quel point nous en sommes et démontrer une fois de plus, ou devrais-je dire pour la dernière fois, que nous sommes l'élite des nations et que sans nous, rien ne peut être accompli. Comme toujours, nous sommes les seuls à pouvoir briser les perses et les faire plier sous nos épées. Car en aucun cas nous n'avons peur de qui que ce soit pour briller au firmament d'Excalibur.

Je suis le leader voulu pour mener nos tribus à regagner pas à pas nos terres et à brûler l'ennemi pour ne plus jamais avoir l'idée qu'il a pu un jour exister. Oui ! Aujourd'hui c'est la fête de la plus grande escroquerie que le monde ait connu. Ce fameux traité de Versailles qui a fait de nous des esclaves d'étrangers dans nos propre terres. Non ! Il est hors de question que je me soumette à un étranger et je n'ai pas besoin de vous donner les noms car vous les connaissez.

La horde de nos ennemis est prête à utiliser n'importe quel prétexte pour nous anéantir et la guerre sera farouche. Ne vous attendez pas à a ce que je vous donne des médailles. Mais si vous portez le brassard du TIC, alors tout le monde saura dans quel camp vous vous battez et que vous n'êtes pas un étranger. Ceux qui ne porteront pas ce brassard seront soit des imposteurs soit des étrangers. Nous le saurons car ils feront valoir des idées de justice sociale ou de politique communautaire alors qu'ils seront soit des escrocs soit des personnes ne pouvant clamer le droit du sang.

J'annulerai les lois du sol dans la seconde ou je serai élu. J'annulerai aussi tout droit pour les étrangers. Nous ne pouvons pas payer les mêmes impôts, avoir les mêmes droits car nous défendons nos terres alors qu'eux nous crachent dessus.

Maintenant, nous devons nous dresser, armes au poing, et créer dans chaque quartier, chaque ville, chaque canton une milice qui sera dirigée par le protocole du TIC et qui n'obéira qu'aux chefs choisis par le conseil du salut public.

Notre travail va directement dans le relèvement économique de ces technocrates de la politique qui se battent le morceau du gâteau sur vos espérances collectives.

Il en est de même pour l'art et la culture, où tous ceux qui sont sélectionnés sont des amis d'amis de ces groupes ou communautés d'étrangers qui utilisent nos ressources et notre système depuis 1919 pour leur fin personnelle. J'avais, il y a longtemps, déjà lutté contre ces dégénérés en lacérant les toiles à la fiac. Mais vu que ceci n'a pas suffit, je brûlerai leur soi disant art, un ramassis d'ordures que mêmes mes excréments sont de meilleur augure si il y a comparaison possibles. J'interdirai tout symboles de culte, à part ceux de nos traditions druidiques. Je redonnerai à cette instance une véritable nécessitée d'être.

Il y a de l'avenir pour notre empire. C'est pour cela que tout le monde veut nous anéantir. Car si nous reprenons le pouvoir, alors les richesses ne seront que chez nous et ils le savent. Nous ne partagerons rien avec personne, simple retour des choses comme dirai l'autre.

Quoi ?!? Je devrai me justifier devant quelconque idiot alors que je suis chez moi ? Et moi je suis dans le droit de vie ou de mort sur tout être qui ne respecterait pas les lois de la chevalerie. Je n'ai aucune raison de me justifier devant aucune cour. Et si ils ont cru m'avoir en essayant de me mettre en prison aux Etats-Unis, je me suis bel et bien moqué d'eux en leur faisant croire ce qu'ils voulaient entendre. Car ils sont tellement orgueilleux qu'ils en oublient qu'en période de guerre, rien n'est impossible et surtout pas de rire de leur médiocrité.

Personne n'a jamais protégé nos peuples. Non, personne. Depuis des dizaines d'années un vent a soufflé par nos traditions avec la cornemuse, le kilt, le biniou, nos danses, etc., qui ont conservé cette fierté qui fait que nous vivons dans un seul et même souffle du départ de nos légions pour l'attaque ultime. Je ne veux ni du pouvoir ni de l'argent. Car tout ceci n'est rien à cote de l'estime de mon peuple pour mes actes et du regard de ses clans pour l'honneur, le courage et le sang bleu qui m'a glacé et coule dans mes veines.

Les entrepreneurs font des promesses, mais aujourd'hui nous n'avons plus besoin d'eux et nous pouvons diriger nos industries sans ce patronat qui a dérivé depuis trop longtemps. Il est néanmoins important de savoir que tout patron qui officialisera ses comptes ne sera pas poursuivit. Pour les autres ils devront répondre de leurs crimes contre l'état, ainsi que leur famille. Ils seront accusés de crime contre l'état et association de malfaiteurs pour leur enrichissement personnel. Ceci aura pour réponse une condamnation de 100 ans fermes de prison. Nous devons à la patrie. La patrie ne nous doit rien. Nous vivons et utilisons tous les moyens de notre nation et nous devons lui reconnaître le mérite et l'amour qu'elle doit. Ces politiques vivent sur le fait que vous n'avez reçu qu'une éducation moyenne et surtout celle de l'appât créé par la consommation.

Nous devons tout un chacun créer une concentration d'efforts pour la nation et nous battre cœurs et âmes pour celle-ci. Sinon vous n'avez rien à faire chez nous et vous devez partir au plus vite sans rien, car vous nous avez déjà assez volé auparavant si ce n'est pas le cas alors nous vous emprisonnerons jusqu'à votre fin.

Que demande la masse à part d'être rassasiée, de la même façon qu'elle veut savoir pour se protéger. Nous sommes en guerre et nous devons nous battre. Préparez et chaussez vos armures et combattez avec tout le témoignage de vos ancêtres. Il n'y aura aucune exception, aucune possibilité de retour en arrière. Ce n'est pas moi qui le veux, c'est le futur de notre existence. Que je sois là ou pas, il n'y a pas de possibilité pour se soulever contre le destin d'un peuple qui est là depuis le début et sera jusqu'à la fin par la grâce d'Odin.

XV
14 novembre 2013

Donnons-nous des moyens d'être la nation où le monde veut venir car nous avons la plus grande sécurité et les impôts les plus intéressants. En ce qui concerne l'impôt, la politique de la bourgeoisie a été la pire et c'est un désastre pour l'humanité de voir cette cohésion du pouvoir dans cette impasse sans fin. Les impôts doivent être pris à la source tous les mois sur chaque employé ou cadre. Cet impôt doit être moins d'un maximum de 27%. A la fin de l'année, vous enverrez une fiche à l'institution fiscale qui vous remboursera la TVA que vous aurez dépensée en l'enlevant de votre impôt direct. La TVA doit être de maximum 8,5% et les impôts sur les sociétés doivent être de 8,5%. Tout ceci dans le cadre des personnes qui n'ont jamais voulu voler les institutions pour ceux qui auront a travers des sociétés écrans

172

voulu mettre en place une conspiration contre l'état. Ils se verront arrêter et incarcérer. Tous les biens seront saisis sans aucune possibilité de quelconque arrangement.

Notre peuple ne peut se retrouver aujourd'hui obligé de partager avec l'ennemi, avec l'étranger. Tout étranger doit être considéré comme tel et ne pourra recevoir les mêmes droits. Il est évident que cette farce doit s'arrêter et que toute personne ayant reçu la nationalité d'un des territoires européens se la verra confisquer et devenir, si il y a lieu, un visa étranger. Le droit du sol n'existe pas. Nous ne reconnaissons que le droit du sang et toutes les tentatives de nous faire changer d'avis sont dirigées auprès des étrangers, eux-mêmes de confessions religieuses obscures qui vivent dans le luxe et la luxure.

La question de la reconstruction politique ne peut être faite que dans l'ordre du système démocratique. Et qui en est le garant sinon l'Amérique ou bien ce qu'on appelle les Etats-Unis pour le bien fondé de la fédération ? Oui, il faut enfin appliquer le système de l'après guerre qui a été mis en place par le plan Marshall. Plan de reconstruction prêt à être redéfini. Car en effet, les dirigeants de l'époque dans l'Europe de l'ouest, tel que de Gaulle, ont mis au point un ultime prétexte pour indiquer les dangers du communisme qui était à l'époque l'ennemi numéro un de l'Europe de l'Ouest et de tout ce qu'on appelait l'OTAN.

Oui tout ceci me fait d'ailleurs tellement rire ! Car aujourd'hui, toutes ces personnes qui vont sur les plateaux télés étaient pendant l'après guerre de dangereux terroristes. Et sous leur allure sociale, ces gauchistes sont de lamentables extrémistes prêts à tout pour détruire les biens fondés d'une Europe qu'ils voulaient unie mais qui, à l'époque, était en proie à un ennemi commun : Staline.

Oui, celui là même dont les communistes et Front de Gauche ne veulent pas évoquer malgré les plus de 85 millions de morts des camps de concentration créés par le KGB et non par les allemands. Ces camps fonctionnaient à plein régime dès 1927 où toute idée politique autre que le bolchevisme stalinien devait être irradiée pour le bien du peuple et de ses dirigeants.

Staline. L'ennemi des américains. L'ennemi des peuples. Celui qui était appelé le petit père. Dangereux, fou, instable, malade mental… Mais comment avons-nous pu oublier ces éléments qui ont fait de cette gauche une dérive totale du droit et des concepts ? Non pas de la république mais des politiques qui ont régies l'Europe pendant des centaines d'années.

Oui ce même Staline a permis a de Gaulle d'instaurer un système où le plan Marshall ne pouvait être mis en place. Car la peur américaine permettait à ces nouveaux dirigeants européens d'avoir un pouvoir au cas où l'assemblée et le sénat ne répondraient pas aux exigences du président ou du premier ministre. Oui, la politique de l'après guerre se vivait entre collabos et communistes terroristes qui s'étaient cachés sous l'égide de la résistance. Tellement facile de crier vengeance quand on peut voir et parler sous une liberté que notre armée protège !

Il fallait coûte que coûte préparer la remise en valeur de nos états. Etre prêts à étendre la capacité de cohésion de nos peuples pour créer une résistance prête à tout pour prédéterminer notre volonté d'être les seuls vainqueurs. Nous ne pouvons plus accepter ces idioties de documentaires nous montrant des cités soi disant intouchables avec des personnes étrangères qui feraient la loi. Il est temps de faire le vide et de stériliser toute personne ne rentrant pas dans le rang, que ce soit un voleur ou un journaliste. Je reprendrai le pouvoir d'une main de fer et je ne ferai aucune négociation ni compromis. Ils verront que je ne plaisante pas. Les armées qui voueront allégeance à la nation seront commandées pour le bien même de notre nation. Nous n'accepterons plus aucune contestation ni aucun mensonge. Nous enverrons en prison toute ces personnes qui ne sont pas de notre sang et nos annulerons tous les droits comme l'a fait Staline avant nous. Et les gauchistes seront contents de voir que je reprends mot à mot les commandements de cette politique communiste qui a valu d'être l'état dans sa puissance.

Nous ne consoliderons pas notre nation avec des armes. Jamais avec des hommes qui ont le sentiment et qui veulent plus d'un état de paille mais d'une grandeur qui leur donne la chair de poule quand ils entendent l'hymne des vainqueurs.

Je suis décidé à me battre sur la victoire et je pourrai mourir en paix quand toute cette saleté sera hors de ma terre. Je n'ai pas honte ni peur de dire ce que mon peuple pense je ne veux plus voir cette poubelle ambulante et je suis prêt à faire face à toutes les attaques. Ce livre n'est pas fait pour plaire mais pour expliquer ma politique. Je ne changerai pas. Et pour remettre à pieds notre nation, nous devons évacuer toutes les ordures qui sont ici depuis très peu de temps.

Aujourd'hui, nos peuples sont prêts à se battre jusqu'à la victoire et nous serons victorieux. Car vous êtes des lâches, qui de toute façon n'ont ni éduction ni culture. Vous ne servez à rien. Vous n'êtes rien et votre existence n'a aucune utilité pour nos sociétés. Vos parents et grands-parents ont fait preuve d'autant de lâcheté. Ils sont venus travailler sans se battre pour comprendre où était la lutte de leur peuple. Fuir son pays c'est renoncer au bien fondamental de créer de la richesse et, bien entendu, de vivre et mourir pour l'action d'être. Encore faut-il avoir l'esprit philosophe.

Je ne veux plus entendre de la police et de l'armée : « ce n'est pas possible » mais « OUI CHEF ! » Et de remettre à niveau cette nomenklatura. Qui suivra l'esprit même de ma diligence sans chercher autre chose que de vivre sous la direction de ma foi ?

Mon mouvement est peut être jeune dans le titre, mais existe depuis toujours et redonnera à nos nations le travail et la prospérité comme il est dû.

XVI
15 novembre 2013

Hier le communisme a pris sans concession les terres des paysans pour l'optimisation des chefs du parti. Aujourd'hui, c'est le socialisme qui vous a pris vos terres par les impôts. Nous ne pouvons pas accepter une société dirigée par des médiocres qui ne connaissent pas nos cultures et qui pensent pouvoir nous détruire sous le bien fondé de leur propre intérêt.

C'est quand même extrêmement bizarre que de penser se libérer des personnes qui sont venues chez nous. Tellement insensé alors qu'il est de notre droit de se réveiller et de ne plus accepter ces mensonges créés de toute pièce pour nous asservir. Les militaires n'ont plus aucune définition dans notre grande nation et ils ne savent même plus en quoi vraiment leur rôle est important.

Nous avons été baladés entre guerre et passion alors que nous sommes unis dans la même culture et nous venons du même sein pour le même destin. Nous devons aujourd'hui nous lever et nous imposer. Personne ne nous fait peur. Nous devons enfin nous libérer de ces occupants qui, comme jadis, nous oppriment et nous obligent à nous plier à leur culture. Il est inacceptable de l'autoriser ou de le permettre. Nous ne sommes pas le symbole d'une liberté utopique mais seulement l'essence même des peuples qui se sont battus et sont mort pour des idées reçues de leur témoignage passé. La démocratie dont vous parlez n'existe pas. Il n'y a pas de mot pour la décrire tant elle est impossible à imaginer pour un enfant. Et pourtant c'est bien comme ceci que vous la présentez. A chaque fois que je peux m'exprimer, vous me désobligez avec des insultes. Car oui, vous ne montrez pas vos visages et seules les insultent viennent de pseudos dont on ne connait rien.

Nous sommes depuis le traité de Versailles obligés de nous excuser devant un par terre d'une nullité qui n'a aucune envie pour nos peuples mais bel et bien le désir de creuser notre mort.

La religion ne peut pas exister dans notre société car elle est tout simplement personnelle. Mais il faut avouer que de prendre une religion sans se poser de question au 21eme siècle montre la pauvreté d'une civilisation qui continue à croire en un monde qui n'existe pas. Car il n'y a point de dieu ni de paradis. La seule et unique vie est ici bas et n'a pas d'égale d'ailleurs. C'est bel et bien les voyous qui se font passer pour être des religieux qui sont les plus grands imposteurs de cette société.

Nous devons donc reconquérir nos territoires et stériliser toute personne qui serait contre. Car derrière cet humain se cacherait une idée de détruire notre nation. Toute personne ayant conscience de ce que j'apporte comme message se rendra compte par lui-même que je suis là pour réveiller ces esprits épris de liberté. Celle là même qui a conduit notre peuple à nous démasquer et à sortir des ruisseaux où l'on nous avait engeôlés.

XVII
4 décembre 2013

Il faut détruire la vermine politicarde au nom du citoyen. Oui nous devons stériliser cette vermine qui se propage. Il suffit de se poser dans Paris pour voir cette horreur devant nous... Mais pas seulement dans Paris évidement. Qu'est-ce que Paris aujourd'hui sinon le reflet du monde ? Une capitale attaquée par les étrangers comme si elle était un paquebot de boat people qui se croient tout permis et qui ne respectent aucune règle. Posez vous la question. Pourquoi les étrangers viennent chez nous bien entendu les réponses fusent : dans les réponses nous avons bien sûr la fameuse, celle de la soi disant liberté qui comme une poudre de perlimpinpin se met dans toutes les sauces de tous les partis et dans toutes les discussions. Mais notre pays est surtout le pays des droits de l'homme et du citoyen. Mais qu'est ce que cela veut dire sinon que de ce referai a notre Robespierre national pour voir son idée et concept d'ailleurs bien proche de celui de Lénine. Oui. Les droits de l'homme ne sont pas une vulgaire bannière telle une publicité qui vanterait les droits d'une lessive a posséder des enzymes mais bel et bien des droits qui concèdent aux citoyens les droits dont le civisme. De fait, le roi n'est pas le seul à se battre pour les droits mais chaque citoyen doit faire respecter ses droits. Imaginons par exemple une voiture passer au feu rouge. Et bien votre droit est de faire une photo de cette personne et de l'envoyer au site internet de dénonciation pour viol de la loi. Et oui je dis bien viol car ceci en est un. Mais ce n'est pas seulement cela et je ne veux pas minimiser les droits et le travail de chacun. Les droits du citoyen sont ceux de travailler pour le bien de la nation et non d'une autre nation. En effet si vous décidez de vivre en France par exemple alors vous devez oublier votre pays d'origine. Sinon pourquoi êtes-vous ici ? Et dans ce cas allez vous battre sur votre territoire ce qui sera d'ailleurs bien plus honorable de votre part. Attention le mensonge est interdit chez nous. Arrêtez de prendre la bannière des droits pour vos droits personnels.

Oui, vous n'avez aucun droit.

Mais vous n'avez que des devoirs. Le premier : respecter l'ordre.

Il faut arrêter de dire n'importe quoi notamment sur le sujet d'être français : être français c'est être héritier des peuples Francs.

Oui, être un français c'est un être un franc. Mais qu'est un franc ? Pour les incultes non ce n'est pas une pièce de monnaie suisse mais un peuple dit aryen comportant des tribus, des clans et des familles. C'est à dire toute une hiérarchie bien définie. Comme vous le voyez, être franc n'est pas à la portée de tout le monde. Etre français, ce droit à porter les couronnes de nos ancêtres et non à un vulgaire morceau de papier donné par des collabos qui n'ont de cesse que de dénigrer notre société pour la prendre en tenaille et finalement la posséder. Je ferai référence à ce qu'il s'est passé à Cracovie et à cet admirable roi Casimir le Grand qui se voulait ouvert sur les peuples étrangers qui viendraient dans sa capitale pour partager le bonheur d'être libre sous les lois qu'il avait mises au point et pendant 7 siècles. Ces étrangers pour la plupart ont pillé dans leur intérêt personnel.

Oui être franc c'est être français, allemand, polonais, italien, espagnol, hongrois, etc.

Voici une définition du mot Franc, tirée de plusieurs encyclopédies :

« franc (latinisé en francus) désignera l'homme libre, mais ce n'est que par un glissement de sens postérieur, un adjectif tiré du nom propre. Le radical est le vieux norrois frakka, ce qui supposerait que la ligue franque aurait tiré son nom d'une arme totémique. Les formes vieux norrois frekkr « hardi, courageux, intrépide, vaillant ».

Le peuple franc est avant tout un peuple de guerriers qui élisaient et se plaçaient librement pour les affaires militaires sous l'autorité d'un chef de guerre désigné par les princes appelés jarl, nommés rex francorum, « roi des Francs », qui exerçaient leur autorité dans leur gawi (cf. néerl. gouw, all. Gau), ou pagus « canton administratif ».

Je vais maintenant être bien plus expansif et je sais comment les pseudos journalistes cachés dans leur siège bien douillet auront soit le mot à redire quelque chose soit à me critiquer par peur de se voir excommunier à tout jamais de nos territoires. Par cela, je prendrai la métaphore d'un hôpital pour parler de la stérilisation de celui-ci et du besoin de l'appliquer à notre nation.

Oui il nous faut stériliser car il est impossible de repartir sur des bases qui ont été elles mêmes pourries par la vermine. Imaginons un arbre pourri et un politique qui n'y connait rien et qui viendrait vous dire que vous pouvez le faire, repartir. Vous savez très bien qu'il faut couper la souche pour espérer que la sève, sang de ce minéral, reprenne vie. Il en est de même avec l'état (les branches) qui non seulement pourrissent, mais également le tronc qui est atteint. Il faut couper tout ce qu'il représente pour repartir sur les bases qui feront de nous le peuple élu. Celui qui saura retrouver sa puissance, son honneur et son courage.

Notre bourgeoisie est pourrie jusqu'à la moelle. Elle est lamentable à s'accrocher à de vulgaires privilèges qui font d'elle le pire ennemi de l'état nation. Il faut la stériliser et il est invraisemblable que le chef d'une structure puisse faire rentrer sa famille comme une noblesse décadente bourbonnaise et napoléonienne. Seul le travail donné à l'état nation doit être encouragé et glorifié par des prix donnés aux peuples pour montrer la descendance prête à prouver encore et encore son pourvoir et sa position de leader. Après ma mort, beaucoup d'entre vous qui m'auront approché et auront eu le plaisir de partager des instants de vie avec moi diront que j'ai été extrêmement intelligent. Et c'est bien pour cette raison que je me retrouve devant vous. Non pas seulement parce que je suis l'héritier, mais parce qu'en moi vous retrouvez les valeurs de vos aïeux.

La résistance sérieuse ne peut être faite de la part de cette bourgeoisie qui s'est laissée prendre dans une sorte de faiblesse qui les a pris a partie d'un état, gouvernement de voleurs, et qui aurait du leur donner des ailes pour se battre contre les imposteurs et venir à nous depuis bien longtemps.

La bourgeoisie a été aveugle et s'est laissée aveugler car heureuse de profiter d'un système qu'elle croyait dominer, dont elle n'était que locataire et par ce fait qui lui donnait le pouvoir de dire non à la dette bancaire privée. Mais nous reviendrons sur ce sujet avant la fin du tome 1.

Le mensonge a été le chef de ces années à croire en un plan Marshall qui était voué à l'échec car il répondait directement à l'anéantissement des marchés européens et au contrôle de ceux-ci par l'état américain, toujours plus grand et plus envieux de détruire l'Europe, car seul rempart à cette politique du moyen orient. Ces technocrates du congrès et du sénat désireux de tirer profit pour les familles propriétaires de la FED bank.

Aucune tentatives économique n'a été envisagée par les gouvernements de 1948 a aujourd'hui. Car le seul but de l'Europe a été d'une part de créer un anti soviétisme stalinien et d'autre part un anti russo-poutinisme. Tout cela dans le but de servir Big Brother.

Vous parlez de défendre des actifs économiques vitaux et pourtant vous n'êtes pas prêts à vous sacrifier et surtout à vous battre pour cet engouement qui est le seul pour lequel vous devriez avoir un peu d'estime. Arrêtez de regarder ce que vous pouvez gagner et ne pensez qu'à l'Etat nation pour le plaisir d'être et de faire partie de cette famille qui est notre peuple : les Francs.

Oui il faut de l'honneur pour faire parti de notre peuple, il faut du sang et non pas des papiers illégaux qui vous donnent le droit unique de vous faire oublier. Mais c'est ce que vous n'avez pas compris et que nous allons vous faire comprendre en reprenant tout jusqu'à ce que vous disparaissiez - enfin de notre monde - et que vous rejoignez vos croyances enfantines d'un monde de l'au-delà qui n'existe pas. Vous n'êtes que des enfants sans utilité qui ne méritent pas de voir et de sentir les lumières de la vie.

Vous n'êtes même plus des ouvriers qualifiés mais des imposteurs venus pour voler nos biens et nous bassiner avec des propos complètement loufoques et bien irraisonnables dans ce 21ème siècle qui sonne encore dans votre tête comme celui du 7ème.

Les biens publics ne vous appartiennent pas et vous devez les considérer comme des biens qui portent le nom d'une chance que d'autres n'ont pas car ils ne sont pas approvisionnés comme nous le sommes. Votre égoïsme est la preuve du non sens et que vous n'avez rien à faire dans cette lutte contre les systèmes qui ont faits de vous des personnes soi disant légale alors que vous n'êtes que des ennemis de l'état nation. Et nous allons vous faire payer tout le mal que vous avez fait avec vos propres biens.

XVIII
15 novembre 2013

Le déplacement des banlieues de la république tchèque à Pantin.

J'étais invité à Prague et en Moravie, passant par la Bohème pour y découvrir un paysage chargé d'images du passé malheureux de ce stalinisme qui, comme un bulldozer, avait écrasé toute tentative de penser autrement. Les paysages étaient toujours les mêmes, chargés d'histoires soviétiques et je me mis à penser à cette ignoble image de ces vaux rien qui non seulement détruisaient nos banlieues pour on ne sait quelle raison, mais de

181

plus se plaignaient de ne pas avoir mieux. Oui, ce spectacle en république tchèque de ces immeubles russo marxistes les uns contre les autres n'avaient pas changé et la plupart des peuples de l'est continuaient à vivre comme ceux-ci sans se plaindre mais surtout en faisant tout leur possible pour conserver le peu qu'ils avaient. Oui, ces cités bien pires que les nôtres étaient pourtant comme des œuvres d'art, aimées de ces êtres qui continuaient à vouloir sauvegarder leur peu de dignité, au contraire de nos étrangers qui n'avaient pour seul but que de détruire. Comme les gouvernements ne feront rien alors je reprendrai en main tout ce système pour le changer à tout jamais et surtout ne plus voir ses images qui fouettent les télévisions montrant un peuple d'ordures vivant chez nous.

Nous devons gagner notre liberté à l'intérieur et à l'extérieur. Nous devons redonner à l'armée une dignité d'intervenir dans tous les cas et de vivre sous une domination de propriété commune. Les touristes de plus en plus nombreux pour voir les heures de gloire passées par notre peuple doivent être étonnés de cette terre qui grossira notre capacité à donner le bénéfice de notre économie et le chef de file de la nouvelle structure financière.

Le déplacement dans l'Europe me permit de voir et de comprendre à quel point nous avions été bernés et utilisés. Les peuples de l'est me demandaient pourquoi nous avions autant d'étrangers alors que les journalistes représentant la vermine en France n'avaient que le mot à la bouche de pourcentage qui soi disant devait être un indice surement créé de toute pièces par eux-mêmes. Je ne savais que répondre et me sentait gêné de savoir qu'ils avaient raison. Oui, tous ces étrangers qui venaient voler le pain de mes enfants et qui en plus n'hésitaient pas à me cracher dessus. J'étais heureux de ce livre que j'écrivais en me disant que finalement, si je mourais, ce livre serait le guideline des générations futures et qu'ils viendraient se battre pour sauver notre Europe. En devenant prisonnier aux Etats-Unis, je compris que le monde entier était raciste, et bien plus que nous. Que les religions n'étaient qu'une force politique déterminée à amener un homme et un seul homme au pouvoir. Je découvrais des groupes qui m'étonnaient car ils n'avaient en aucun cas perdu leur foi d'être de ce continent européen et d'être de la race aryenne. Mot qui avait été exclu de mon vocabulaire car attaché à une époque révolue d'une guerre passée qui avait utilisé presque tous les symboles vikings, celtiques, gothiques et par des personnes qui n'étaient même pas de nos tribus. Alors pourquoi ? Toutes ces questions qui résonnaient dans ma tête depuis l'adolescence et ce soi-disant problème qui n'en était pas un mais qui avait été créé par cette ignoble conspiration de ces intrus mis en place pour détruire mon peuple. Alors, me penchant en prison sur ces tribus prêtes à tout mais qui avaient oublié que leur lutte était en Europe et non aux Etats-Unis. Même si l'Amérique avait été à un moment le lieu des envies de la création mondiale dans un ilot de liberté pour des tribus venues d'Europe qui avaient souffert déjà du mensonge et des imposteurs.

XIX
7 décembre 2013

La politique, les réseaux, la dette et le système bancaire.

Les politiques pour qui vous votez n'en connaissent pas plus que vous.

Alors vous me direz : "oui mais ils ont des technocrates qui peuvent leur pondre les solutions". Mais dans ce cas, comment poursuivre un programme politique sans compétence ? N'est-ce pas la même chose que de vouloir élever du bétail sans rien n'y connaitre ? C'est de toute façon une nouvelle hérésie et les politiques doivent être des personnes uniques, prêtes à tout pour défendre le droit de l'Etat nation et voulant vivre et se battre pour un drapeau qui flotte bien haut par sa grandeur et sa candeur.

Les problèmes de contacts et de connexion sont bien plus grands quand on sait qu'il faut auparavant être en accord avec, non pas seulement les pays voisins, mais avec les groupes qui forment l'économie du pétrole a l'internet. Les politiques arrivent à des postes sans avoir aucun contact dans les mondes politique, économique ou même financier. Vu qu'ils n'ont jamais voyagé et ne connaissent en aucun cas les chefs de tribus d'Etat, etc. Par exemple, en Arabie Saoudite, le protocole interdit aux princes de parler aux hommes qui ne sont pas du même rang et qui ne sont pas musulmans. Donc soit vous êtes capables de tracer votre héritage génétique soit vous avez la preuve de votre « musulmanité ». Et encore faut-il être d'une tribu qui conçoit le wahibisme et non les pauvres du Maghreb qui sont pris, par les régimes du moyen orient, comme des esclaves sous-développés.

En effet, c'est à travers les voyages et mes rencontres, très jeune, par mon grand-père, que j'ai pu rencontrer et voir comment les autres pays vivaient. Et j'ai bien sûr été scandalisé quand les personnes en Europe parlaient de racisme alors que tous ces continents le vivaient d'une manière tout à fait honorable. Souvent les questions fusaient auprès de mon grand-père. Pourquoi accepter tel et tel peuple dans vos écoles ? Et mon grand-père sans cesse répétait que c'était pour développer des esprits qui pourraient changer leur propre vision économique et politique nécessaire pour un futur proche. Les émirs, souvent rouspétés, et se déclaraient complètement contre l'idée qu'une femme pouvait aller dans une école, ainsi qu'un homme d'une caste inférieure. J'écoutais et jetais envahit d'un sentiment de haine et de guerre. Petit à petit je comprenais que ces chefs africains, asiatiques ne voulaient que leur propre intérêt alors que j'avais grandi dans l'esprit d'être une grande nation à travers les peuples vikings qui génèrent la vitalité et l'esprit de toute notre cause.

J'avais compris néanmoins comment les réseaux étaient importants. Depuis l'âge de 7 ans, je construisais mon carnet d'adresse de Los Angeles à Shanghai, de l'Entertainment à la politique. Sans le savoir je mettais au point des stratégies qui un jour me serviraient non seulement pour me défendre mais aussi pour attaquer le moment voulu. Très jeune, je me renseignais sur la dette et sur les qualités d'une économie qui avait su exploiter l'intérêt contre le stalinisme qui avait perdu sa raison pour donner des états d'une pauvreté extrême dont on a vu les piliers ne supportant plus le système à la chute du mur de Berlin. Oui mais alors quel système était bon ? Celui de se faire piller par un régime politique au nom d'un seul homme ou par des imposteurs créant un groupe d'une pseudo intelligentsia se répartissant le trésor mondial sous le travail des ouvriers ? Dans les deux cas le système allait à l'explosion car dans aucun cas il n'y avait là une véritable machine prête à établir une neutralité.

Le système avait depuis la deuxième guerre mondiale pris des aspects de société secrète où des juifs convertis voulaient être des nobles, au point d'en accepter n'importe quelle bassesse et en réécrivant l'histoire. Et oui. En un seul clic ils avaient réussi à créer des lois pour eux-mêmes, telles que celle 1973 appelée loi Pompidou ou loi Rothschild. Comment pourvoir accepter cette loi et pourquoi personne ne l'a changée jusqu'à ce jour ? Quelles sont les bassesses de cette société secrète pour avoir encore le pouvoir ? Je pourrai bien-sûr expliquer ces lois mais le problème est que ce n'est pas la seule et qu'aujourd'hui toute l'Europe répond à ces emprunts d'état des banques privées où vos impôts servent à payer l'intérêt et enrichir une dizaine de familles qui n'ont aucune envie de partager quoique ce soit avec vous. Et quand un homme comme moi arrive et qu'ils voient que je peux prendre le pouvoir, ils essayent de me menacer de me faire tuer, de me jeter en prison pour me faire disparaitre à tout jamais. Oui mais voilà. Ils avaient oublié une note à leur symphonie et je suis sorti de toutes leurs conspirations.

Je me suis aperçu très très jeune que la mission de l'Etat nation était de rétablir le concept de la chevalerie.

Pourtant, mon envie n'est pas de défendre une sorte de système platonien mais bel et bien de défendre cette nation viking celtique gothique qui est formée par cette Europe qui va de l'océan aux steppes de Russie. Nos tribus doivent tout donner pour accomplir cette tache et détruire l'ennemi pour vaincre et consolider ce rêve qui, depuis les grottes de Lascaux, nous place en tant que berceau de l'humanité.

Je ne suis pas là pour faire comme tout un chacun du clientélisme histoire de récupérer des voix chez les minorités et leur faire croire en mon dévouement. Non, je suis là pour reprendre coûte que coûte notre empire et je suis prêt à mourir pour cette cause qui, de par ce fait, ne doit être que la seule et unique opportunité de vivre dans cet océan de tristesse et de décadences où toutes nos valeurs ont été plus que bafouées et bel et bien oubliées au point de ne plus savoir ce que nous sommes.

Je n'ai pas besoin de m'inventer ou de créer une histoire. Nous sommes l'histoire ! Et la volonté d'être est devant nous. Nous devons maintenant être la police de l'état nation et si par le passé nous avons établis les fameux comités alors remettons-les pour juger tout ce qui sortira de nos droits et nos devoirs.

XX
9 décembre 2013

La victoire de notre action et le retour de notre société leader du marché mondial.

L'incapacité de résoudre les problèmes. Vous vous êtes tous penchés vers les extrêmes ou les milieux appelés centristes ou autres mouvances alors que vous cherchiez un chef. Car trop de vermines apparaissent en essayant de mener des groupes qui pourraient donner un avis. Encore faut-il une vérité et encore mieux une cause pour engendrer l'immortalité d'un mouvement.

Je vous parle d'adhérer à un parti qui représente officiellement tout ce que vous êtes et qui vous donne tout ce que vous souhaitez partager. Je ne vous propose pas de faire partie d'un mouvement mais d'une famille où tous nous serons un lien pour donner à notre état nation une nouvelle image. N'oubliez pas qui nous sommes, même si vous avez tous reçu depuis la deuxième guerre mondiale une nouvelle définition de l'Histoire. Vous savez, au fond de vous, que quelque chose ne tourne pas rond et ne correspond pas aux valeurs qui jadis vous ont portées par ces grands-parents qui représentaient un moment de liberté et de joie.

Nos menhirs et nos druides sont autant de chances que de pouvoir pour remonter sur ce trône vierge qui attend depuis tant de temps ce chevalier combattif qui, n'ayant peur de rien, avait envie de voir en vous ce destin exceptionnel d'honneur et de courage.

La comédie a assez duré et il est temps d'y mettre un terme. Nous devons reprendre les armes et nous mettre tous en rang pour l'ordre européen. Cette fédération des régions où toutes nos cultures, nos langues et nos traditions seront respectées et entendues. Mais bien plus encore de redonner à nos régions cette couleur locale que tout le monde nous envie.

Je n'ai rien contre l'étranger, du moment qu'il est l'étranger. Le moment de la gentillesse viking a bien disparu et je ne veux plus faire aucune concession. Il faut reprendre tous les assets et tous les biens de ces imposteurs et les condamner à perpétuité dans des prisons où seul le pain et l'eau leur seront accordé, sans plus aucune possibilité de communiquer avec l'extérieur.

Il est venu le moment où la prophétie de Nostradamus doit se réaliser. Ce prince du nord lèvera ses armes de l'est à l'ouest. Il reconquerra les terrées une après l'autre en redonnant à chacune son existence et protègera à tout jamais cet empire qui restera jusqu'à la fin des mondes.

Il est venu le moment d'entendre que la deuxième guerre mondiale n'était que le déclenchement de la troisième guerre et que les marchands croyaient gagner encore cette guerre alors quelle sera l'anéantissement total de leurs accords passés avec des généraux empalés sur les places publiques.

Toute votre existence, et encore plus aujourd'hui, vous avez vu des politiques et journalistes grotesques vous donner une signification du monde, de leur monde a eux, dans des appartements bourgeois avec pour envie ultime l'embourgeoisement démesuré. Nous avons devant nous des ennemis et nous devons nous en débarrasser coûte que coûte. Toutes les fractions armées représentant l'Europe qui se sont même exilés vont revenir pour reprendre ensemble notre terre patrie. Cette terre qui, dans ma main, a la couleur noire et sera bientôt rouge de sang pour détruire le malin et sauver le fruit du paysan qui, toute sa vie a travaillé dur pour voir se lever cet arbre fort et utile.

Les ennemis sont contre nous depuis 1945 par peur de voir notre véritable empire se redessiner sans eux. Et ils ont raison. En aucun cas nous n'avons besoin d'eux. Quand je pense à tous ces leaders venant de ma famille qui ont pu donner tant de libertés à des peuples incapables de remercier et que nous sommes arrivés à la confrontation ultime. Oui, le dénouement est présent et vous devez tous vous battre à nos cotés pour défendre les valeurs d'antan contre l'ennemi qui s'est déclaré.

N'oubliez pas comment vous pouvez suivre le parti et ce que vous pouvez lui donner pour vous rassembler sous une tenue militaire et un emblème qui flotte et claque au son du clairon. Si la notion d'être est difficile à définir dans la pratique, les différences des clans nous donnent la possibilité de nous rallier au même sang pour combattre dans la même veine.

La solidarité de chaque individu conserve le soin de déterminer dans la croyance, le sens d'une seule volonté. Il est scandaleux de voir combien de gens promènent aujourd'hui le mot « raciste » sur leurs visages, et combien de gens ont une fausse conception personnelle de cette notion tout en l'adaptant à un système révolu qui veut se croire immoral. Le racisme ne veut rien dire. Il est simplement le reflet de politiciens bien plus véreux que l'on veut le prétendre, se cachant à travers des mots qui font soi disant horreur. Cet appel sans fin de la deuxième guerre mondiale et de ses horreurs n'est qu'une campagne de dénonciations, une manière de croire en une hypothèse bien peu possible. Et de toute façon, a-t-on vu une guerre de Napoléon dans l'amour et l'ivresse des sentiments que l'homme aurait pu avoir pour son prochain ? Toutes les doctrines religieuses ont voulu faire croire à l'homme qu'il était plus intelligent que l'animal, donc moins méchant, ce qui n'est absolument pas vrai. Comment peut-on laisser en vie des personnes qui volent tous les jours et ne sont pas condamnées ? Le temps est venu pour que la vérité soit faite et dénoncer tous les imposteurs, saisir leurs biens et détruire les familles à tout jamais pour que jamais personne ne puisse revenir.

Notre victoire, c'est un point déterminant d'une politique militante où chacun veut donner à notre patrie au prix de son sang.

Et je serai le premier à le faire. A redessiner sur ma chair le symbole de notre adhésion au souffle du dragon.

Nous sommes encore une fois à la recherche du graal pour enfin vivre en paix dans notre obédience au sein de nos territoires. Une terre, un chef, une loi.

Nous sommes déjà victorieux car ils ont peur de nous. Ils savent que je ne ferai aucune des concessions que les autres ont faites avant moi. Il n'y aura pas de pitié ni de compassion pour ces chiens de vendus qui ont voulu notre perte. Les tribunaux du comité public marcheront à plein régime. Nous libèrerons pour la dernière fois cette fois-ci du malin notre monde qui verra le reflet de l'ivresse d'être nous-mêmes : les peuples vikings, celtiques, gothiques.

Table des matières